Zoran Mirković
LUSILIJA ILI O BESKRAJU

I0142772

Recenzent
JOVICA AĆIN

ZORAN MIRKOVIĆ

LUSILIJA
ILI O BESKRAJU

Roman

RAD

PRELUDIUM

Evo nas opet. Lusilija i ja. Izlazimo iz raja u kojem smo obitavali sve ovo vreme tihe i samotne ćutnje. Ponovo na istom putu, zajedno kao nekad, opet mladi, vreme prevareno. Besmrtan je onaj ko u isto vreme živi u prošlosti i sadašnjosti. Jedino on ima pravo na budućnost. Put u životu i put u sećanju, jedan je isti. I uvek nov, lepši i duži za jednu tugu, a na njegovom kraju jedna zvezda.

U okviru luka koji čini ogromni rub sunčeve kugle koja tek što je uzela nevinost horizontu... faloidni lik užarene zvezde pravi iza naših tela slavoluk, sa njegovog ruba, naviše prema kosmosu, streme pravilno raspoređene trake svetlosti, brazde naprslog himena uže pri dnu, šire prema prostoru koji se gubi na rubu papira. Zrake su u stvari malo tamnije, pre bi se reklo da međuprostor svetli, što ima svoje duboke reference o odnosu svetla i ništavila, praznine, koja je paradoksalno, ovde svetlija od svetlosti, za čim nikome posebno sada nije stalo, jer Lusilijino nago telo privlači pažnju i oduzima dah. Te trake svetla uokvirene pojačanim rubnim linijama, u sredini pojačane grubim rasterom sito-štampe, samo pojačavaju kontrast Lusilijinog tela koje zrači, ne samo svetlošću koja se na papiru iskazuje nedostatkom, odsustvom boje, već zračenje više ističe ono metafizičke oreole ženine nagosti uopšte, pred kojom zastaje dah kao i pred svakom prazninom koja nije ništa drugo do nagost metafizike, o čemu bi rado pisac, koji je zaljubljen u isijavanje Praznog rekao mnogo što-šta, ali nago telo Lusilije...

Oboje se radujemo, veseli smo. Ozbiljne knjige pišu srećni ljudi.

Nas dvoje se držimo za ruke, nagi, oboje skladno i lepo građeni, sebe ne bih opisivao, malo koga zanima namerno idealizovano telo pisca koji nikad nije tako izgledao: duge ruke i noge, vitki mišići, vretenaste butine, uska bedra, široka ramena. Tu je i moj polni ud. Tja! Ako je kič paradigma sreće, mogao je biti i veći. Lusilija. Suština lepote nagog ženinog tela je nagost njenog trbuha. Prostora koji sadrži moć rađanja, praznina koja rađa, mekota i gipkost mišićne ploče. Anatom bi je rado potanko opisao, od složenih postraničnih, kosih mišićnih ploča koje se ugibaju, prema središnjoj, linea alba, nežnoj brazdi što se završava u levku pupka, razdvaja dva druga vretenasta mišića koji počinju od processus xyphoideus-a. Ta linija, svetla, u trudnoći potamni – svaki pisac koji bi naišao na te podatke, naširoko bi raspredao o tim detaljima, o vezivima i mačjim opnama mišićnih ovojnica koje, uvijajući se, čine ono čime su ženske slabine uvek izazovne, struk, udubljenje. Ali lekaru to se ne dozvoljava, smatra se ogrešenjem o lekarsku etiku, premda ja ne mogu da odolim Lusilijinom trbuhu nikad nisam ni mogao, stručno ili privatno, od časa kada sam je upoznao pred svetlošću rendgen aparata koji je od sela na obronku Fruške Gore, iz mraka „komore", zračio do Zemuna, tip Moravica 5, Elektroindustrija Niš. Toj nežnoj tvorevini koja najprisnije prijanja uz vaš trbuh i podstiče erekciju, žareći nekim sunčevim spletom do pod samu grudnu kost... jer postoji jedna semantička nijansa u svem ovom opisu xyphoideus. Grudna kost, od koje polaze oni parni mišići koji čine izazovne obline trbuha, a jedini su oslonac erekciji, upravo se i završava nastavkom koji liči na slovo X, bar donji njegovi kraci, od kojih parno polaze te dve ribolike vretenaste strune, da bi se okončale na Y stidnog otvora, vratnicama sa parnim izbočenjima, između kojih pri vrhu, kao epifanija spoja i razdvoja, himen himena, himera punog i praznog, stoji izbočenje dražice, oblik koji se u prkosu pokazuje nemoćnima kao „šipak", a u stvari... ali o tome drugi put.

U oreolu sunčane korone sa svim protuberancama koje zrače iz ženine nagosti i nisu vidljive na slici već samo u oku posmatrača gde praskaju iz sunčeve kugle i rotiraju ogromnom brzinom, burni pulsari, čudni kvazari, pri pomenu, kamoli pri prizoru ženske nagosti, Lusilija me-

6

kog trbuha, izlazi iz Raja da bi rajskom milosti darivala srećne kojima je dano da je ugledaju.

Ko je u stvari Lusilija? Da li je ona uopšte postojala? Svakome ko prati literaturu jasno je da nijedna glavna junakinja nikad nije postojala. A da bi bila živa i često življa od ovojih uzora, ona uvek ima nešto od živih, postojećih. Lusilija je nadrealistički diktat, amalgam i konglomerat snova i podsvesti, elegija, poetizovana paleta, Ane, Lidije, Eme i Ajše. Vizija. Erotsko ludilo, isposničko priviđenje, alegorija iskušenja Svetog Antonija. Od savić ana. Pisano malim slovima jer nije to nikakva realna postojeća ana savić, kojih sigurno ima puno, već jedna koja se krije iza istog imena, poprima oblik i kakvoću njene stidnice, obrasle rđasto pramenastim runom i po boji i po osećaju plamen i med, takva su vina najbolja: boje meda i vatre, spolja hladna, greju iznutra, jedino što plamen retko poprima tu rđastu nijansu i kovrdžavost dima, nema oblike njenog Zlatnog runa, sem kod sveće voštanice, sa one strane gde se pali živima i to samo voštanice, a ne i lojanice koja je žrtva prineta islamskom bogu, od loja od pleće i oni sa prezrenjem odbacuju vo štanice govoreći da „nevernici bogu na žrtvu prinose muve", ali ne samo zbog autorovog odbojnog stava prema islamu, već zbog toga što oni svoje žene briju i obrezuju, oduzimajući im najdublju vatru strasti...pretvaraju šipak u odranu pukotinu, ljušturu.

Pa zašto onda Lusilija, a ne Ana? I zašto je tu Anu napustio?

Zbog Lidije. Koja je Lusiliji darivala najlepše butine, duge snažne i vretenaste sa uskim kolenima i listovima kao ajkulin rep. Dobro, a zašto je nju napustio? Lidiju, visoku, otmenu, strasnu, nežnu? Vernu mu.

Zato što je bila lenja.

Izležavala se po čitav dan, čitala je beskrajno mnogo – revije, slikovnice, stripove, sve gluposti ovog sveta. Nije bila u stanju ni vozački ispit da položi, premda nam je njen tata obećao strana kola za venčani poklon. Kad bi joj dosadilo, udešavala bi se, zatim tražila izlazak. U provod. Tamo bi lomila tanjire. I tako u beskraj, žalibože takvih nogu, to se ne viđa svaki dan, te kože, tog smilja. Za njenu ljubav, i njenu manu je Tvorac poklonio Lusiliji; pretvorio i tu manu u vrlinu, ljupkost. Dug uspomeni na

Lidiju. Lusilija, imaćete prilike da se uverite, lenja je kao mačka i kao ona mazna i privržena, ali svojeglava. I što je kod Lidije bila mana, kod Lusilije, za ljubav onih divnih časova provedenih uz njene noge, postaje ukras, neodoljiv šarm. Otišla je upravo iz skromnosti. Uplašila se da nije dovoljno dobra, da je On prezire, njeno poreklo, društveni status. Premda je tvrdila da je njen teča bio posilni kod vojvode Mišića. Dođavola sa društvenim statusom, kada je žena u pitanju, otišla je nekom idiotu koji neće razumeti ni ceniti njene zanose, trans, neuporedivi nezadrživi padavičarski grč, u kojem je gutala pljuvačku, okretala očima, drhtala, zabacivala glavu i sklapala oči, trepćući, da bi u vrhuncu, poslednjem času kao da umire kao u groznici izbacivala krik koji se čuo nadaleko, razrogačenih očiju kao da se sve događa prvi put. I onda tonula u predenje, nežnost bez kraja, zahvalnost kojoj se tek nije moglo odoleti. Zelene oči, žuta stidnica i oznojeno čelo, koža koja se od strasti rasipa u sitne crvene pege, u trenu se rascveta u sijaset bubuljica kao da je dobila male boginje kao kad bi se na belom nebu u sred dana pojavile crvene zvezde. Kako spojiti sve te poluLusilije u jednu jedinu, rajsku? Poželjnu.

Lusilija se budi u svetlosti Novog Dolaska, netom probuđena iz raja, kao dete iz sna, ali ljutina se meša sa ljubavlju onih koji žude da ugledaju detinje oči.

Čije je oči imala Lusilija? Zelene oči, nema onog ko je jednom video Emu Fekete, a da ja zaboravio kakve je oči imala. Nikad više od stiska ruke, poljubac u uvo, dodir zlatastih paperjastih nimbusa iznad tih malih prozračnih ušiju. Koleginica, studentkinja medicine, devojka na poziv, družbenica gospođe X koja je studentkinje podvodila italijanskim poslovnim ljudima koji su tih godina nagrnuli u našu zemlju. Drhtaj tih usana, tog nežnog lica, ostaće zanavek bolna rana u duši autora i uzrok rajskoj priči u kojoj se na licu Lusilije te usne mogu slobodno dodirnuti i poljubiti.

Kako se to lako dogodilo sa nezaboravnom Anom. U maloj sobici, tamnoj komori rendgen aparata pred koji je uzdrhtanu Anu stavio jedan davni mladi X nezaštićen, i on sam u zracima koje ona nije videla, inače bi videla, da i njegovo srce podrhtava kao plazmatična maglina kako to njeno podrhtava, dok je njegova ruka... i dok je Ana padala u zanos, koji se nije mogao njenom voljom zaustaviti, on je začuđen gledao kako joj se srce širi i skuplja, podrhtava, čuo kako guta pljuvačku, lice joj nije video, pritajeno je uzimajući u ruku, ćutke u mraku, u strahu od majke, koja je samo tankim vratima odvojena osluškivala, ali Ana uprkos svoje obeznanjenosti nije pustila ni glaska, samo se videlo kako pod njegovom rukom, *dans macabr* kostima, blagi luk njene dojke sa mrljom bradavice ulazi u stisak smrti i srce sve burnije udara u dlan koji ne oseća svoje kosti...

tek kasnije u krevetu zažalio je više puta što nije u stanju da vidi ono što čuje: tupe i mukle udare srčanog vrha, koje će upamtiti za čitav život, da bi sada poklonio to srce, srce Ane neuporedivoj rajskoj ptici koja se okitila tuđim perjem kojeg više nema, ako je koščata ruka i ostala kao znak opomene...Teško je radovati se senkama, biti veseo gradeći Lusiliju.

Intermeco o šipku

Kamenica je šipak Novog Sada. Udolica potoka koji ide sa Fruške Gore, od Paragova, čini plitku stisnicu na čijem dnu je toranj crkve, a pri vrhu toranj TV predajnika. U Dunavu se pre ogleda toranj, manje crkva koja je niže. Ono što je pri nebu je dole, a ono što je previše zemno, povezuje čoveka i nebo na Vencu.

Šipak. Oblika Lusilijine stidnice, osim što je palac neprimereno debeo i nezgrapan u odnosu na finu, graškoliku dražicu koja krasi venčanje malih usana, na vrhuncu, na vencu, TV toranj. Prigodnije bi bilo kada bi mali prst sa noktom došao izmelju kažiprsta i srednjeg prsta. Pokušajte. Videćete da će tom prilikom, ako imate vitke i savitljive prste, pred vašim očima iskrsnuti Lusilijina stidnica nešto duža od šipka, ali i uža.

HOTEL KOSMOS

Lusilija je Dina u Sihemu.

Eva Hercog, Kandidat za člana Centralnog Komiteta Mađarske radničke partije. Treba videti kako ću to izvesti.

U Moskvi je postojao hotel *Lux* u kojem je Lusilija boravila kao ilegalni kandidat, član užeg rukovodstva Mađarske radničke partije. Paranoidni um Velikog Vođe, bio je obuzet maničnom idejom da su uz poštene komuniste, sa zapada poslati i uhode, ubačeni agenti; koliko mu je bilo stalo da ima oko sebe komuniste iz celog sveta, toliko je imao paničan strah od ubačenih diverzanata. Lukavi Molotov predložio mu je originalno rešenje: Tovarišč Staljin, rekao je, naš hotel Lux je najveći hotel na svetu. To je naša boljševička istina. Najveći hotel na svetu ima beskrajno mnogo soba. I popunjen je kako znate do poslednje sobe. Delegata je dakle beskrajno mnogo, ali ih ima dve vrste. I obe vrste – beskrajni broj: naša revolucija ima beskrajno mnogo prijatelja i isto toliko neprijatelja. Kako ih smestiti, a da ne špijuniraju jedni druge? Jednostavno. Uzeti parne brojeve soba i dodeliti ih ispravnima, proverenim drugovima i drugaricama. U beskrajnom nizu brojeva parnih brojeva ima beskrajno mnogo i svi će dobiti sobe. Ali i sumnjivih je beskrajno mnogo, to vaš um sluti. Njima ćemo dati neparne brojeve soba i, neparnih brojeva u matematičkom nizu takođe je beskrajno mnogo i oni će se takođe svi smestiti, ali između pravovernih i prokletih, neće biti dodira. Kontrolisaćemo i jedne i druge, a da to oni neće znati. Između brojeva nema komunikacije, jedino vrhunski matematički um...

Tako je rođen hotel Kosmos. U istom hotelu postoje beskraji koji se ne dodiruju, tamni i svetli hodnici koji među sobom nemaju dodira. Stanovnici gradića Dahau, kleli su se savezničkim oficirima da za sve godine rata u njihov gradić niti je iko dolazio niti iz njega izlazio. Naporedo ovoj svetlosti, postoji, i u njoj se talasa i primrak, njemu zahvaljujući svetlost i vidimo, ona se propinje na udolicama tame, leži u kolevci svoje senke. Svaki hotel *Lux* ima svog parnjaka, neodvojivog – hotel *Nox* u samom sebi, radnici i seljaci, poštena inteligencija, osuđenici i njihovi dželati povezani spregom talasanja, obitavaju u istom zdanju na Crvenom, Belom, Cvetnom, Zvezdanom, Bezdanom ili bilo kom trgu sveta. Svako će živeti u beskraju koji je izabrao, jedni u beskraju parnih brojeva, budućeg srećnog društva, drugi u paklu neparnih prokletstava izdajnika revolucije i ideje komunizma.

Hotel sa beskrajnim brojem soba. Postoji, međutim, jedna logička klopka, tako draga autoru koji pronalazi paradokse u aporijama i dubine u paroksizmu: gde je u tom hotelu Lusilija? U kojoj sobi? Ima li hotel sa beskrajnim brojem soba brojeve? Ako počnemo od 1 priznaćemo da beskraj ima početak, a to znači da ima i kraj. Zašto bi svet počinjao od nule? Ništa, pa jedan. Otkud? Najveći zjap deli O od 1. Nikom nije palo na pamet da je taj zjap nepremostiv. Svi uostalom broje jedan, dva, niko se ne usuđuje da kaže 0,1, 2, 3. Može li Lus da bude u sobi 3/4, 1. Ili 7/8? Može, ali onda nije Lusilija već Alisija ili Alusia i to je onda opasni putokaz. Jedini izlaz je da brojevi počnu od Nule, jer to u stvari i ne bi bio početak. Soba u hotelu koja nosi oznaku nule, jeste fusnota beskraja. Prati svaku sobu kao dodatak. Mesto gde se sve svršava, živi dokaz da je sve tamo i počelo sudeći po prirodi stvari. To je istina. Ali nas ne zanima istina već lepota i stoga se selimo u hotelske sobe. Imate mogućnost da jednim ulaskom doživite beskraj ulazaka, čitavu *anamnesis cosmi*. Suština *HB de LUX* hotela je goli princip erosa.

Dobro, to sa hotelom je zanimljiv logički paradoks, veoma zahvalna tema za pripovedača da izvede savršen koloplet, neku vrstu dodekafone simfonije na zadatu temu, matricu, do iscrpljenja. Ja lično to smatram literarnim manirizmom, sterilnim mandarinizmom umetnosti koji ide na račun spontanosti pripovedanja. Život je haos, literatura je učiteljica života. Ukleti vaspitač besprizornog sa kojim nikako da izađe na kraj. Ali uvek moramo biti svesni teme, osnovne ideje, a to je Lusilija. Šta je sa Lusilijom u hotelu, kako nju smestiti u hotel „Beskraj“? Čini se naizgled lako, kako su smešteni svi ti silni borci za i protiv svega i svačega, a ne može Lusilija. Ali tu se postavljaju neke zamke. Prvo, ako su svi oni zauzeli parne i neparne sobe, onda nema više soba. Beskraj je popunjen, iscrpen i to ne ide. Nema mesta za Lusiliju, oprostite kasno ste došli, sve je popunjeno, trebalo je rezervisati beskraj unapred, ali nema ni beskraja koji se može iscrpsti. Tu ima izlaza – postoje i drugi nizovi brojeva naprimer onaj Fibonačijev koji sija u spletu spirala cveta suncokreta. Lusilija ima na raspolaganju bezbroj soba. A gde je onda ona? Ko uopšte može tek tako smestiti Lusiliju ako to ona neće. Svojeglava, kapriciozna, namestiće vam igru. Pokušajte vi. Dakle? Gde je u tim beskrajnim sobama zamršenom lavirintu suncokretnih semenki – *Lux, Lusilija,* svetlo priče, glavna ličnost?

Postoji beskrajni broj beskrajnih nizova, postoji beskraj paralelnih svetova koji se ne dodiruju, jedni druge upoznati ne možemo, negde u tom ludilu beskraj beskraja leži usamljena Lusilija i čeka ljubavnika da zakuca na jedna od beskrajnih vrata.

Platili ste, potražite, zahtevajte da je pozovu. Onaj ko je portir, uvek zna gde je Lusilija.

Lusilija?

Beskraj nije mali. Odavde do Kaća? Mnogo, mnogo dalje. Do Kovilja? Još dalje.

Kako onda naći nekog ko je ušao u sobu dok smo se mi zamajavali paradoksima i aporijama na teoretskom planu? Nije jednostavno izaći u hodnik Beskraja i viknuti, pre svega u hotelima se ne viče. A tek u hodniku beskraja gde se jeka beskrajno umnožava. Pokušajte. U stvari pokušaću ja, jer to je moj roman.

Lusilija!!!!

Tajac.

Zuri u mene glupi beskraj. Ja u njega. Jedan drugom nemamo šta da kažemo. Dva dedaka, obadva jednaka, beskraj on, beskraj ja.

Još jednom.

Nema.

Lusilija!

Odjek praznih soba: usilija... ilija... lija... ija ...- ja-ja – ja- ja- jaaaaa......

A možda Lusilija i nije u hotelu. Možda je izašla. Jebe se njoj za hotel Pun zagonetki i zavrzlama, lavirint, neće ona da razbija glavu s liftom koji krene i ne može da prestigne kornjaču, ako bi i srela Ahila mislila bi da je lud – trči po hotelu pita gde je kornjača, ona bi malo da prošeta. Stoput je rekla u sličnim, manje nevinim prilikama – dođe mi da puknem, izađem iz svoje kože. Kako ćete znati da li je Lusilija u beskraju ili je jednostavno iz njega izašla, ako nije čak ni u svojoj koži? Po svemu sudeći ona je odavno izvan beskraja. Negde izvan, izvan beskraja koji je neiscrpno sve, nema ničega, Lusilija dakle ne postoji. Postoji samo u Mašti, bašti Beskraja.

Koji je jako velik. Tako velik da nema kraja. U stvari beskraj i ne postoji. Ono što postoji ima početak i kraj, a ono što kraja nema ne postoji. Zato što nije imalo početka, pa se nije ni stvorilo. U tome je zvrčka – beskraja nema. I ako je u njemu Lusilija, nje nema. I ako je izvan beskraja i onda je nema.

Moje je bilo da kažem sve što znam. Ovde je kraj – jer o nečemu čega nema ni govor nije moguć. Lusiliji sam rekao sve što sam znao. Šta sam osećao, i šta osećam to ne mogu reći. Ni ja vama ni vi meni. Da ja vama kažem šta osećam, možda bi ste se smejali, pre uvredili, da vi meni kažete, možda bih plakao.

U principu, objektivno gledano ni ćutanje ne vredi puno. Ono o čemu se ne može i ne sme govoriti i uopšte, ono neizrecivo i neizgovoreno, daleko premaša sve ono što je ikada rečeno i ono što će biti ikada rečeno, pa ipak niko ne ćuti, svi govore. Odatle, iz ćutanja, upravo i izvire govor. Ljudi se boje da ćute, tišina ih mamuza i oni pevaju. U tome je tajna hotela Budućnost, HB u daljem tekstu, sa svim onim izvijanjima i ukrasima monograma u kič biljnoj ornamentici ranog komjugendstila. Broj njegovih prozora na praznim sobama deluje izazovno za sve samoubice, ali ni sa jednog od tih prozora niko se nikada nije bacio. Nije ni imao gde. Opasnost za sve HB hotele leži u njima samima.

Tu je zamka. Ona je kao neka čegrtaljka u punom okretu, zujanju koje lomi svaku razboritost, uvid. Vidiš samo vrtlog, a ne razaznaješ biće. Tako ste žudeli da uđete u hotel, platili ste ulaznicu na rođenju, a ne možete napolje. Ako ima više beskraja, više nego jedan, onda ih ima beskrajno mnogo i tu nastaje logička belina, klopka u koje upada nerazumno biće, broj virtuelnih Lusilija je beskonačan, ali samo je jedna prava. Ona o kojoj je reč.

Beskraja konačno nema.

Smisla nema, ali ima sklada. Smisao je u priči i snu, sklad u svetu – zbir nebrojeno mnogo haotičnih, zbrkanih događaja. To je svet kako ga mi vidimo, jedini stvarni.

A kakav je stvarni – stvarni svet? Mislite na svet kako ga vidi Bog? Ne, to je božiji svet, mislim na svet kakvim ga niko ne vidi.

Svet koji niko ne vidi i ne postoji.

To treba da vam bude jasno.

Kakve veze ima sa tim Lu?

Ima. Ako postoji više nego jedna, njih ima beskrajno mnogo i onda je ljubav sa jednom od njih, ljubav beskrajna, ona je raspinje i Lusilija umire u ljubavi, rasplinjuje se. Ergo, možete voleti samo jednu Lusiliju, bez obzira koliko je ona daleko iza vela prividne Lu, ako su dve, već ste kao voz na šinama koje se seku u beskraju, na dva točka koji jedan drugog ne vide i kada se u beskraju sretnete, vi kao putnik i dve Lusilije, vas neće biti. Pali ste pod točkove upravo na cilju koji niko nikad nije dostigao. Beskraj nije u vozu, on je između šina, tamo gde se sustiču, jer zašto bi se on tako suludo kretao ako ga ne bi gonila žudnja da dostigne mesto gde se šine spajaju, ono što nema kraja, nepronično i nezačeto, nedeljivo i neshvatljivo. Voz se kreće jer ga privlači daljina, šine su noge beskraja, one streme da se spoje u beskraju koji je nebo, raj nebeski.

Na spoju paralelnih hodnika u hotelu Beskraja, postoji jedna prazna prostorija, salon vrhunskog uživanja u kojem sve igre počinju i završavaju. Tamo gde se noge paralela spajaju, tamo tek počinje radost, beskrajno uživanje.

Neće biti Lusilije na kraju.

Biće mene.

Lusilija, to sam ja.

Lusilija je monada, ideja.

Svaki pisac se poistovećuje sa svojom junakinjom. Ženska duša u muškom telu. Anima u Animusu.

Ne onakva kakvu sam je voleo, već ja onakav kakvog me je volela.

Nadam se da ste shvatili (premda duboko sumnjam). Ostavimo se toga.

Držimo se sveta. U njemu uvek ima kraja. To nije utešno, ali iz tog hotela se može uvek izaći na ulazu, na krovu, na prozoru, svuda zjape otvori sveta prema hotelu kojeg nema. Kada se približi kraj, počinje beskraj.

Ćutanje. Lu, Hotel Ludilo, senka stvarnosti.

Ranjeni Srbi i Jevreji su u danu Racije puzali zaleđenim Dunavom u Kamenicu. U tadašnju Hrvatsku. Da bi kasnije završili u logorima u Gradiški i Jasenovcu. Kada te okruži bratska ljubav, svejedno je da li je Kamenica Pakao za Novi Sad ili je on Ad za Kamenicu.

Brodovi koji su saobraćali između dva grada postoje samo na razglednicama: da li je to onaj *Delfi,* koji je telo Branka nosio prema Karlovcima? Iz Srpske Atine Srpskoj Tebi.

Može se neko zapitati, čemu uopšte Lusi, kada je u knjizi reč o nečem drugom? Iz čisto taktičkih razloga. Ako hoćete da negde budete zapaženi, povedite sobom Lus. Ona je *Lux,* svetlost koja zaseni prostotu. Možete opljačkati banku, objaviti knjigu, opseniti čitaoca. Urednici, pouzdano znam, ne čitaju knjige u celini. Čitaju napreskok, prvo pročitaju početak. Tu redovno stanu. Normalno. I ja bih tako. Zašto čitati do kraja nesuvislu rabotu koja nikog ne zanima. Da bi se saznalo ko je ubica? Kod lošeg dela to se odmah na početku vidi. To razlikuje dobro od lošeg dela. Kod dobrog je autor ubica na kraju, kod lošeg već na početku glavni lik ubije autora.

Svaka izgovorena rečenica je stepenik prema sledećoj, neizgovorenoj, čovek se tako spušta naniže, očekujući u svakom sledećem odmorištu Lusiliju, ali Lusilije nema jer nema odmorišta, stepenice neumitno silaze naniže. Zašto silaze, zašto se ne penju, svako zna da ima stepenica koje se penju i onih koje silaze, u stvari stepenice su uvek iste, samo je smer drugačiji, put nagore i put nadole jedan je isti. Penjite se, čoveče. Ali ni to nije jednostavno, podignete li nogu uvis zakoračićete u prazno, jer se stepenice HB hotela, to je hotel koji ima samo stepenice naniže, spuštaju nezavisno od namere, što su namere plemenitije, pakao je sve bliži i sve što uradite je da ste izgubili ravnotežu strmeknuli se niz Stepenice vremena i slomili vrat u najboljem slučaju nogu.

pa okrenite se
     promenite smer kretanja
          ugledaćete sve ono
što ste rekli danas
     što je rekao bilo ko juče

sve postaje sutra
ali Majakovski, zar ne vidite
uzalud je okret
stepenice idu jednako
naniže
svaka čast Sovjetima
ali niko nije domaćin
u Hotelu zvanom Beskraj
lako bih se ja okrenuo
da na prvoj stepenici
zateknem već rečeno
vidim već viđeno
ali kako god se ja okrenuo
i stepenice se okreću
Lusilija je uvek iza leđa
ma ko ona bila
smej se Majakovski
i Lunačarski je lunatik
svi oni koji su nam iza leđa
glasnici su smrti
vlasnici neizgovorenih reči
koje nas guraju
naniže
naniže
naniže ulevo
prvi hodnik od beskraja
pa udesno do kraja.
nikad viđeno

Pa okrenite se, rekao je neko Orfeju na uvo, ili ga je Lusilija takla po ramenu, na šta je Hermes uzviknuo: Okrenuo se! i znamo šta se desilo. Možeš se osvrtati koliko ti je volja, Lusilije nema na stepeništu, otišla je da se šeta, u kupovinu, kupuje Vreme, đinđuve beskraja, providne perle u kojima se ogleda kosmos, Šivina ogrlica i sve ostalo metaforično i metonimično što se može uneti u hotel u koje ne puštaju pse, uspomene, sećanje i ostalo...

Lusilija i jeste sve ostalo, ko to već nije shvatio, Lusilija je metafora, alegorija, pokrov, zastor, metonimija, antinomija, aluzija, akronim, algoritam, katonomija, aluzija, partafraza, parabola, paradigma, parafora, parabaza, aporija.

Lusilija je sreća, pripovedačeva matrica pomoću koje može da kaže sve što poželi, sve što voli ili je voleo, da smesti pod kožu izmišljene, ali ne sasvim nestvarne Lu. Lu. Lus. Lues, Sifilida, bolest beskraja, senka opake ljubavi, bolesti u kojoj smrt prikriva svoju žaoku, melanholija večnosti, jedina tema svih pripovedača, svih koji osećaju kako poniru naniže sa onima koji ih slušaju i svima je lakše, iako je kraj uvek bliži kako se početak udaljuje, premda se poniranje niti ubrzava niti usporava, bez obzira na uhvaćeni trenutak vremena, kakva ironija – „uhvaćeni trenutak vremena". Malo sutra, veliko Juče, nepostojeće danas, e.

Svi malo bolji hoteli imaju četiri zvezdice, oni najbolji, pet. Ali nijedan ne može da se po broju zvezdica meri sa *HB* hotelom. Koja raskoš, koje ludilo luksuza nudi njegova balustrada ukrašena milijardama zvezdica! Koja zadovoljstva. Kocka? Pa u njegovim temeljima je ugrađena kao čvrsta vera, prvi član njegovog protokola. Seks? Ima li više ljubavi nego što vam nudi eros – kosmos?

Prostirke Mlečnog puta. Magline postelje, paroksizme kvazara. Orgastičke grčeve pulsara, himenalni rub Berenikine kose. Kad u vašem pustite vodu, samo pššš... kad se u hotelu *LUX* nebo prolomi, onda je to povodanj! Najčistija voda, prirodno destilisana, nebeskom jezom orošena, obogaćena ozonom, sa munjom kao lancem za potezanje. U tom hotelu bez zidova među sobama, promiskuitet je jedini ljubavni zakon, neverstvo jedina vernost. Tišina ogromnog prostora najbolje skriva ljubavne krike i jecaje silovanih kometa duge kose koje jurcaju kosmosom u potrazi za ljubavlju i sagorevaju u prozračnim sferama planeta, ništeći se u potpunom orgazmu.

Sada, posle letimičnog razgledanja hotela, dragi gosti, povešćemo vas na silovanje Lusilije. Da. Hotel ovakvog ugleda može sebi da dozvoli razvrat, moralnih ograda nema jer beskraj nema granica. Jedini zakon je nasilje. Haos i eros su braća rođena.

Na jezeru u postelji od meke maglene kosmičke vune, Lusilija ustaje, nevina i bezazlena, proteže se, stoji uspravljena pre nego uroni u vodu boje ružinih latica. Podiže kosu, vezuje je u zlatastu punđu, njene nežne ruke, titrave dojke ... i u tom času pristižete vi sa svojim kuponom za obljubu, gostinskim pravom prve noći. U kojoj je razoren himen praznine i stvoren svet. Ona se trgne iznenađena, ali ne i uplašena, ukoliko strah od strasti možete nazvati strahom, ne otima se, vi je lagano podižete uvis i polažete na postelju sa koje je tek ustala otimajući se snu koji je već obležao najavom vaše obljube.

Približavate se njenom razjapljenom himenu – tamno O na početku beskraja, nešto je već manje, grči se dok se njene zenice šire, postaje o, jer se himen po zakonima beskraja sužava što dalje prodirete pogledom, svejedno.

Ali ne žurite. Pred vama je sva večnost, himen je samo njen simbol, prislonite kalotu svog uda na njen venac i rastežite ga polako. Limfni sudovi pod pokožicom pucaju, dolazi do otoka i posle nekoliko dana himen nabubri, postaje mek, i rastegljiv limfa privlači i vretenaste vezivne ćelije koje oblažu nagnječeno i porumenelo stecište ruba i uda. Polako, ritmički morate obnavljati kidanje limfotoka, ubrzavati sazrevanje mekoće i rastegljivosti, jer ako stanete, doći će do ožiljavanja, himen fibrosus je opor i krt, može vam pući, a to nam nije cilj – da Lusilija izgubi nevinost, ali ne i himen, što će za vas biti uživanje, a njoj omogućiti da zadrži posao.

Osetićete sami trenutak kada treba da nastupite dalje. To će biti zagrljaj venca i glave, Hijerogamos, nebeska svadba, poljubac nabreklog ruba i uda. Beskraj. Mesto gde se sustižu paralele, njene noge jedna uz drugu stisnute.

Ostalo je mašta, ako i do sada sav ovaj preplet i mreženje nije to bio. Ali najlepši poljubac jeste onaj od sna i mašte, ako nećete da Lusi izgubi svoju dragocenost, prsten ljubavi, a da vam ne uzvrati uživanje od kojeg mozak nabubri i sija se, a Žar ptica u njemu klikne – Dogodilo se, Objava! Raskol! Šizma!

Račun koju ćete platiti za ovo putovanje, biće vam ispostavljen na kraju. Platićete životom, uostalom time se plaća svaki trenutak boravka u HB de Lux hotelu. Gazda-Tvorac je manijak. Ni svetlo Sunca ni salve zvezda, ni eros rose, ni Lusilijini zagrljaji nisu besplatni. Koristite i uživajte, na javi u snu, jer plaćeno je unapred, hotel od nečega mora da živi, od morala nikako, njegovi stanovnici se umnožavaju kao novac na ruletu, plaćeno je unapred koristili vi ili ne, vreme prolazi, hotel se mora održavati.

Bez imalo ustručavanja prihvatite silovanje Lusilije. Ona će vam zbog toga biti zahvalna, jer nju hotel plaća za to. Bez nje, malo ko bi i došao ovde u hotel koji nema zidova koji nema stepenica, a ima sve što se može zamisliti.

Nažalost, nije uspelo. Možda sam vas loše savetovao, možda niste imali dovoljno strpljenja, možda ste previše žurili. Ja bih to svakako izveo ozbiljnije i stručnije, ali šta je tu je, pogaču ne jede onaj ko je želi već onaj ko je ima. Na vama je bilo, prosto vam bilo. Osnovna greška pisca je što roman ne piše za sebe. Možda krivica i nije do nas, moguće je da je situacija se njenim himenom odlučila o daljoj sudbini naše veze. Naše, mislim na sve troje, Vi, ja i Lu. Vezani smo njenim himenom, ovenčani vencem jedne naizgled minorne prstenaste opne, zlatasto-ružičaste boje.

Da li ste sigurni da je Lusilija uopšte i želela da sačuva devičnjak? Ja nisam. Nalazimo se u sferi gde su vezani bol-zadovoljstvo, nesreća i sreća, gubitak i dobitak, rascep i uceljenje, oslepljenje i viđenje. Nestanak sa objavom, slabost sa moćima, nemati sa biti. To je dijaktički obrat, coincidentio oppositorum, ono što otvara oči za viđenje, ne vidi se, ne čuje se krik rane koja se kida, to i nije neka velika nesreća, pre bi se reklo da je obrnuto, i rečeno je...

Šta je, tu je.

U jednu se vodu ne može dva puta, ali mi pokušavamo uporno ponovo i ponovo, u tom ritmu, damaru i jeste bit erosa, ali pritom postajemo svesni da svakim novim ulaskom prodiremo u jednu drugu beskonačnost, ni u beskraj se ne može dva puta, ali kako smo videli, ima više beskraja i sve duhovite dosetke na kraju ispadnu opaka mudrost sa dalekosežnim posledicama.

Nemojte se iznenaditi ako svršite pre vremena, vreme dolazi posle, eros je bezvremeni bog, nije svaki beskraj raj, pre će biti da je Raj – Kraj, ono što posle dolazi, kada se korice knjige sklope i himen otvori, himna je Suncu ... svršilo, se okončalo, gotovo je.

Kako uneti u stan Lusiliju? Pokušao sam u papirnatoj kesi, ali se meškoljila, inatila, skičala.

„Kakvo divno psetance!" – šišti komšinica radoznalo izvijajući glavu tako da joj se vrat nenadano izdužio, koliko samo ima pršljenova ta komšinica, znate supruga pokojnog domara, onog koji je rekao da tim Cigančićima treba slomiti ruku za svaki ukradeni bicikl. Ukradeni bicikl je bio moj, bio sam ljut, ali osetio sam kako dečija kost prska pod udarcem olovne šipke. Domar je bio doušnik policije kao i svi domari, njegova ucveljena udova nastavlja njegov posao, otkud sada komšiji pas, ali nema kome da dojavi, policija sada ima druge doušnike, nema više strane pomoći od koje se finansirala policija, prerane penzije – šta će vama lekarima penzija, vi svi radite privatno, hteli biste i ovamo i onamo, znamo mi za plave koverte, ali ovo je papirnata kesa, bezbojna i unutra Lusilija.

Pas.

Ne, kažem, to je veverica, nosio sam je veterinaru, ujela me je na Fruškoj gori, mislio sam da je besna ali nije, samo je gladna, moraću da je nahranim.

Nahrani vevericu da te ujede – mogla je da kaže domarka, ali je jednostavno zinula, nije mogla sve odjednom.. otišla je u stan da pokuša da shvati. Da li policiju interesuju besne veverice? Za to vreme ja sam s Lusilijinom u stanu, sam. Mislio sam da je tako, ali kuc! Kuc!

Zvono vam ne radi. Otkad je Đura umro...

Đura je opravljao sve i svašta, ulazio u stanove na svim spratovima.

Komšija, koliko vi imate knjiga!

Bolja je zvučna izolacija, znate, knjige upijaju zvuk.

I prašinu, i prašinu .. promrmljao je nezadovoljan predsednik kućnog saveta, jer bi morao da vidi svaku knjigu, one zabranjene, ali za to treba vremena, znanja, otkud se on razume u slike, da je video Dražinu fotografiju na zidu, ikonu, odmah bi znao, ali nismo ja i Lu tako naivni da im dajemo semiotičke poruke koje govore hiljadu puta brže i hiljadu puta sadržajnije od reči, ali iza reči se može sakriti više nego iza slike, ja u principu ne volim one koji govore mnogo.

Lu, naprimer ne govori, ona se smeje, mazi, umiljava, duri, skiči, nekad vrišti od zadovoljstva, ali malo govori, nema fond. Tako je izjavila. Osećam, moja osećanja su beskrajno složena i raznolika, duboka, ali mi nedostaje Fond. Osećam u srcu.

Više nije ni potrebno, ja od Lusilije nisam ni tražio dijalektičke rasprave, zna se šta traži muškarac od žene koju je kučl doneo u kesi, da bude slatka, zavodljiva, mazna glupača, ako tako mislite, ja mislim da iza tog stoji duboka mudrost, neverbalna komunikacija, erotska semantika dodira, mirisa, ukusa, svih nesematičkih morfema, vid i sluh takođe su uključeni samo ukoliko služe ikoničkom parasemantičkom opštenju senzacijama, dražima, opsenama, zavođenjem.

Taj jezik nadaleko prevazilazi nacionalno biće jezika, ne znam toga ko ne bi istorijsku svest menjao za jedan trenutak samozaborava, opšteg zaborava koga je briga za zastavu, grb, simbole, ikone, Trojeručicu, Trojenožicu, u trenutku kada vas prožimaju univerzalni srsi, univerzalni jezik vam ulazi pod vaš *frenulum*, ne znam da li znate šta je to, to je ona veza koja drži jezik za dno usne duplje i kada tuđ jezik dopre pod vaš i podigne ga naviše, ubaci u vaše ždrelo, osećate se pridavljenim, prisiljeni da dišete na nos, gušite se i gubite svest, nevinost, dah i...

I?

Ne mogu da se setim.

Zaboravio sam kako to izgleda.

Ovo ipak nije neverbalna komunikacija, ne zaboravite, prošlo je toliko vremena između mene i Lusilije, to je prostor i vreme bez mosta, frenuluma, frenetični pad u zaborav, sve one knjige iz kojih izviru ove reči, sada su odlična zvučna, smisaona i senzitivna izolacija. Pune prašine nekih minulih trenutaka, stvari, događaja, koji se izmrvljeni u protomorfeme, uklapaju u slova, međuprostore paralelnih redova.

Ne osećam više ništa, ne sećam se više ničega. Kolumbijci kroz moj san krijumčare ptice, a ja o tome pojma nemam. Pa kako da se setim onoga što ni sanjao nisam.

Kao ono jutro kada sam (sledi tekst o nečem realnom)...

Komšija, zašto niste, zašto ne biste, gospodine doktore, samoća ubija, tek život udvoje je; samoća ima prednosti – niko vas ne gnjavi.

Postao sam Bitak: nedeljiv, Jedno, samo i neograniče-no, nevidljiv. Neuhvatljiv – bežanje s posla, samoća kod kuće.

I ostali su nevidljivi.

Dina u Sihemu, Ljubomir u Elisiumu, Eržebet u Ko-loseumu.

Tuga ubija.

Sve ubija, zaražena voda, vazduh, krpelji, holesterol, rak, radijacija, virusi, ubija mržnja, politika, insekticidi. Tuče i policija, NATO, rupe u ozonu, kroz njih viri Sunce i ubija.

Biram tugu, čistu klasiku.

Luciju, Lusiliju kao klasičnu utehu. Njen šapat u mom uvu vredi koliko i čitav svemir ili bar onaj njegov puniji deo, lišen ogromne praznine. Govorim vam to pi-jan u krčmi *Kod dva bela bagrema,* govoriću to i trezan u bašti crnog sleza.

Tuga je pametnija, ali više boli. Zato o tužnoj Lusiliji nećete saznati ništa.

Jer ja vas volim.

Da li je Lusi hrabra?

Da li ja lažem? Govorim sve vreme Lusilija, a mislim na ljubav. Da sam otvoreno rekao ljubav, većina bi se na-smejala, a od Lusilije ide voda na usta. A i vi... znam ja ko ste vi.

Do juče ste mi bili prijatelji, hodali u skerletu i kadifi, obećavali iza mojih leđa Lusiliji letovanje na Krfu, safari u Sahari, da je do vas, ne bi je više bilo, pojeli bi je, ni od vas ne bi ostale kosti ni pakosti.

Vi ste krpelji koji se uvlače pod kožu i u uši i oči, u du-šu, jedini lek je isisati vas, ispisati i tako vas reč po reč izbaciti iz sebe.

Đavo da vas nosi!

Jer ja sam postao vi. Ali ja ne želim da budem ja-vi već ja-ja.

I zato vas iz sebe ispisujem: akrepi, astaroti, belzebu-bi, bojovnici, vancage i vandrokaši, gaulajteri i grabanci-jaši, despoti i komesari, likvidatori i sekretari, sakalude i šupljoglavci, *etc.*

„Sjedinjenje pučkog, zabavnog elementa sa životnom mudrošću!"

Odlazio sam u krčmu nadajući se da će ona proći ulicom. Uvek je tuda prolazila, zašto sada ne bi. Ne prolazi li zbog mene, proći će zbog nekog drugog. Zato sam bio spreman da platim piće svim mogućim vincilirima, profozima, probisvetima i šušumigama Telepa i okoline Petrović kod Petrovića u istoimenoj ulici. Stavio sam na glavu šešir, navukao iberciger, uzeo u zube muštiklu i u ruke štap i krenuo. Kod *Dva bela bagrema* koji su davno precvetali i goste bašte zasipali zavrat otpalim crnim semenkama i oštrim bodljama.

SEMANTIČKI IZAZOV: LUSILIJA I BESKRAJ

Lusilija je kriknula... Opet? Po peti put. Proverite: na strani 5, 19, 33, 47. Ta ženska kao da ne zatvara usta, samo kriči, kikoće se, čiči i grgoće, od njenog šapata odjekuju stranice knjige.

Postavlja se pitanje, sasvim dobronamerno, nisam li preterao, ogrešio se o zdrav razum? Može li Lusilija s himenom ili bez – što je preimućstvo i manjak istovremeno, podneti baš sve, čak i temu o beskraju. Da Lusilija bude i tu i na bilo kom mestu? Može li njen himen podneti teret moje mudrosti?

Nemate vi pojma šta sve himen i nehimen (posthimen) mogu podneti!

Nemate vi pojma šta sve jedan list hartije, nerazoriv himen večnosti *(hymen papiraceus),* može podneti.

Strastvene zanose Olge C. u selu kod Novog Sada, do proročke nesvestice izvedeno umeće podavanja i obuzimanja, zatim neumorni uvodni ritual V. Z. spremačice u Domu zdravlja u Velikom O., neponovljiv ubrzani krešćendo u pripremi orgazma, veština kojom je mala Violeta E. izbegavala da izgubi himen vodeći ljubav sa mnom – po savetu svoje bake kako mi je kasnije priznala, to i mnogo drugog čega ne uspevam da se setim, jer ima jedan himen u mom mozgu koji se kod svakog sećanja i prisećanja razvlači do bolnog raskida, sve je to ušlo u Lusiliju – papirnati himen *(hymen pergamicus)* i latičasti, *foramen cribrosum* (rupičasti otvor) njenog ne baš snažnog, pre bi se reklo krhkog, pa i providnog, mestimično i povremeno, tela.

Vreme je za izlazak. Stavljam glavu u već izlizani otvor šešira, nabijam ga na glavu, jer je napolju vetar, gasim cigaretu da se ne upale stogovi sena koji mi iskrsavaju u sećanju i premda je napolju uz vetar i kiša, stogovi sena u sećanju su suvi, tamo zapaljene vatre mogu se lako preneti u pejzaž i gle – Kamenica preko puta u sunčevoj jari prosto gori; izvijam glavu preko terase, već je leto i sunčani dan – da li je možda neka kometa prošla preblizo mestu Zmaja i prosto repom, kljunom, plamenim jezikom sažiže mesto mog opisa, pretvarajući prvo list papira u neurotično belo, zatim u plamenu nesvesticu i potom u crnu rupu iza koje, nad Kamenicom, blista divna himenalna nevina noć, podučena od Majke božje kako da se sliže sa Mesecom, Suncem, da ih propusti kroz himenalnu koronu horizonta, a da nevinost niti izgubi (ili ga izgubi sa svakim jutrom nanovo), niti propusti užareni paroksistički vrtlog sunčevih protuberanci, te moćne falusne orgastičke vrteške, erotske čigre, kako je Lusilija nazivala „To tvoje čudo" kada me je opominjala da je vreme da se ide u krevet.

Da li se sve tako odigralo? Od-igralo, to je dobra reč, jer uvek je reč o igri, bilo šta da se dogodi, mora se poštovati sled, pristup, raspakivanje elemenata, tela, priče, ljubavne igre, Lusilije – rastavljanje – tako je ona zvala ljubavni snošaj. „neko mora da me rastavi, neko me mora rasturiti da ne znam za sebe" nikad nije rekla ti, kao da je uvek ono najlepše bilo izvan nas, pripadalo nekom nepoznatom, još nerođenom Junaku, Hektoru, koji tek treba da dođe i ponese onaj himenalni krik o kojem je ovde na početku bilo reči a koji se ponavlja, jer odjeka, pravog igrača, čigre, još nema na vidiku.

Jadna Lusilijo.

Ja sam tebe našao, a ti mene još nisi.

Traženje na putevima beskraja je kao sudar dva točka jednog voza i jedne osovine koji se na toj užarenoj osovini nataknuti, himenalno-falusno spregnuti, okreću do užarenosti, usijanja, a susreću se tek u kataklizmi, na kraju puta kada se u beskraju, orgazmu, svršetku, kraju putovanja, šine ukrste i sve utone u plamen i haos odakle je putovanje i započeto.

SEMIOTIČKA EROTIKA
NA PAPIRNATOM HIMENU

Proučio sam njoj za ljubav sve što se može znati o himenu. Anatomiju, histologiju, embriologiju, istorijat, sociologiju, religiju, mitologiju. Postao sam himenolog.

Čuvajući se da me ne povredi lakiranim noktima, ona samo jagodicama prstiju prevuče svoje vlažne usne i premda sam ipak osetio poneku bodlju njenih noktiju, nisam mogao da se ne oduševim pokretom koji je žilave konce sluzi omotao čineći krug oko korena, uda na mestu gde je nasilno, njeno I pretvoreno u O i kao lisica koja obeležava svoju teritoriju uskliknula – ovo je moje! a da pri tom ni ja ni ona, verujem, nismo znali na šta se to „moje" odnosi, sjedinjujući tim pokretom i uzvikom oba meridijana koji su se približavali i udaljavali u blagom ritmu klatna, dva beskraja, muški i ženski, puno i prazno, dva horizonta neba i zemlje u intimnom, neposrednom dodiru, rub na rub.

„Dosta je mala... hajde, sada već boli. Idemo kući."

Ono „kući" uvek je označavalo burni izliv, grčevito brizganje radosti, unutar njenog tela, izvan mog, a ipak jednako unutra.

Nastao je beli mrak, svetlost radosti.

I nesvestica, zanos, iz kojeg se bilo teško izvući. Jednostavno je gubila svest, obamrla, samo stišani udari srca, tmuli i snažni, umirivali su me – nije mrtva.

Telo je stajalo otvoreno, bez odbrane, bez nadzora. Kivan što sam i ja u nekoj blagoj nesvestici, prosto poželim da sam u toj prilici neko drugi ko može u punoj snazi da je obleži.

Ali sada je moje I postalo i; više kurziv, i, – mrtvo slovo na papiru. Letristički eros, bukvar za stare i mlade, žensko i muško pismo na istom zadatku.

Stegnute u grču, na ivici smeha i plača njene usne se otvaraju u O! ali u trenu udica mog Jezika biva progutana i krik, nekoliko trzaja, visoko C naprslog himena ... i sve tone u mir, oproštaj, gustu i vrelu tamu.

Ovoga puta i ja sam izgubio svest. Veliko I se okrunilo semenom u orgazmu, postalo prvo i pa zatim svenulo u kurziv i na kraju seme je palo dole.

Probudio me je zvuk kompjutera. Svako zna da neuključeni kompjuter ne odaje nikakav zvuk, ali to nije tačno, nikad nije tačno ono što svi znaju, tačno je samo ono što zna pojedinac, inače i nauk i umetnost ne bi imali smisla. Dok sam bio u nesvesti niko nije mogao uključiti kompjuter, Lusilija je bila daleko kako će se iz daljeg teksta videti, Lusilija je u još nenapisanom tekstu, ovde je samo njen deo, premda je ona savršena, a kod savršenstva deo i celina su isto, premda nedeljiv Bitak sadrži delove, itd. a to je po teoriji verovatnoće uvek drugi svet, jer postoji mogućnost... kvrc! i nema teksta ni Lusilije.

Dakle, da ne dužim – kvrc! čulo se sasvim jasno, meni se mora verovati. Nailazila je oluja i plastika ekrana ili kućišta se širila, i kao što je nekad drveni orman u Novom Pazaru, Smederevu, Beogradu, gde god smo ga selili, odavao zvuke pred oluju kao da se sašaptava sa munjama u daljini, tako sada i kompjuteri kao deo nameštaja preuzimaju taj kokodakajući solilokvij, duet orman-munja, šta li je. Otvorio sam *e-mail* i tamo je stajala poruka.

Ah, kakvo lepo iznenađenje tek sam došla sa pijace a toliko lepih reči: draga i toliko puta ponovljeno pa još ime u deminutivu (stajalo je Lusilijice draga draga draga .. ovo je samo tehnička proba, prošlog puta si se žalila da si poruku primila kao redove naslagane jedan na drugi. Da li tvoj server prati – koliko puta je ponovio „draga"? Može li da prati kucaje mog srca? Malo morgen, taj se modem još nije rodio. Da li su se poklopile tvoja i moja poruka da li je tvoje dragi pristalo da legne na moje draga? Tog modema izgleda nema i neće ga biti (izazov).

Nemoj mi pisati više tako otvoreno, piši neobavezno, danas sam kupila salatu tako je bila divna, čitala sam Crnjanskog, to mi je još od školske lektire omiljeno štivo, opiši jedan tvoj dan, štedljiv si u opisu.

Draga Lu sasvim neobezvezno volim zelenu salatu zelene lucerke zelene lusilije neobavezno izašao sam na terasu od Čota se sprema oluja jutros sam kupio krompir morao sam da ga ljuštim više mu nije korica tako nežna kakva je doskora bila čitao sam Miru Alečković Jaru Ribnikar to mi nije ni bila lektira lektiru sam mrzeo iz dna duše, sve dobro što sam promašio da pročitam bilo je na spisku lektire pored čuvenih pesnika narodnosti

onih sa juga servera istoka manje zapada toliko krleže u
lektiri omrazilo mi je, ne volim zelenu salatu više volim
paradajz opiši mi jedan tvoj salata dan sa neobaveznim
prilozima i majonezima jako si ukocena u opisima salate
mozda ce ti gestalt pomoći Lusilija je psiholog on u pot-
punosti obuhvata telo sa obaveznim zaobilaženjem po-
sebnih mesta koje obavezuju malo dublje od površine ne-
što si se stisla kao Mara na kamen-studencu, redovi se
ukrstili znam u cemu je štos tvoj modem se opire serveru
odbija da čita između redova i slaže ih jedan na drugi
kao cepanice,rastavi redove ne boj se odloži zapete one
su posledica frustracije beli luk je ustvari beli luk između
tebe i mene polarna i polna svetlost, lu(k)če moje belo
rastavi salatu pre nego je preliješ majonezom šaljem ti
odavde pomoću servera moj majonez imam ga na pretek
prestiže mi i štrca na sve strane po salati papirima svuda
preli njime krompir i glavicu luka šargarepu svoj *gestalt*
između redova je poruka redovi su samo skele noge pu-
ter salate moras raščerečiti listove da bi došla do onog
najslađeg žućkaste blede srži iza velikih usna dolaze rec-
kave manje i nežnije jezik po pravilu zalazi između listo-
va traži himen ili eksplozijom erosa razoreni himen gla-
vice salate kad ljuštiš pomorandžu moraš je ogoliti do
kore zatim uvući prst u procep u sredinu stidnice među
mesnate usne obeju polutki i rastaviti raskrečiti sve do
srži pukotine tu je prirodno ontogenetsko mesto Lusilija
rastavi redove videćeš kakvo je to zadovoljstvo jezik iz-
među redova između redova se nalazi raj! redovi su pa-
ralelni na spojevima paralela II je beskraj uživanja X za-
jebi sve muža decu žene, uzmi mene

Kvrc kaže kompjuter – biće oluje. Ako ne sad, kad po-
ruka stigne, kompjuter nepogrešivo nasluti približavanje.
Novi način upotrebe kompjutera kao meteorološkog
predskazivača nepogode.

Legoh da spavam, sve oluje, O-Lusilije dolaze u snu
tamo je najsigurniji e- mail niko ne vidi poruku koju sa-
nja kompjutro, niko ne zna šta sneva e-veče

Odlučio sam da joj se osvetim. Predložio sam i ona je
prihvatila izlet u Frušku Goru. Padala je kiša, ali nam to
nije smetalo. Vazduh je bio rezak mirisalo je na bilje,
vlažnu zemlju, goreo je eros. Pričao sam što sam vatreni-
je mogao o tunelima ispod Fruške Gore da joj objasnim

27

zašto ove godine nema pečurki. Na istom mestu juče me je sreo jedan od retkih šetača – jeste li videli da ove godine nema pečurki. Pobrali su ih, kažem. Ali nema ni otrovnih. Nije ih bilo ni one godine kad je puklo u Černobilu. To me je uznemirilo. Vidiš Lusilija, kažem, ispod Fruške Gore ima 12 kilometara tunela. Ostaci od Vrdničkog rudnika kamenog uglja. Ne veruješ? Odvešću te da vidiš ventilacioni otvor. Ulaz je iza Vrdnika kod manastira Ravanice, sad je to vojno skladište. Ništa lakše nego u tajnosti dovesti kompoziciju voza pred ulaz i noću pod strogo poverljivo skinuti burad radioaktivnog otpada, prebaciti ga na vagonete i gurnuti negde u beskraj tunela u mrak. Niko ne zna, pare podele dripci među sobom, mnogo manje nego da ih dobije država koja bi tražila više, ali to pojede mrak. Niko ne zna. Ozračeni su samo vojnici koji pojma nemaju šta deponuju i mi koji ništa ne vidimo. Niko nikad nije video svoju smrt. Znam da je ludo, ti si me umirila, zvanično nema radijacije, ja sam umiren. Ali ni pečuraka nema. Govorim strastveno, gledajući je u oči sasvim blizu njenog lica, povremeno je zaustavljam da bismo se našli okrenuti jedno drugom. Vidiš Lusilija, mora da čita u mojim očima, i u meni ima bar toliko tunela ako ne i više i radijacija je ne manja, a to niko ne vidi. Niko svoju ljubav nije video, to se nekad i ne oseća. Gnev i jarost u mojim očima. I onda nastavljamo put. Uverena je da je to tačno. Nema pečurki. One rastu burno i burno umiru. Ali krpelja ima. Oni žive sporo, mogu da vise na grani osamnaest godina! i samo u zgodnom trenutku kada osete zadah mužjaka koji prolazi stazom- kvrc! za vrat. Oni preživljavaju i eksploziju H-bombe. Nasled   iće nas krpelji.

Po povratku ona njenoj, ja mojoj kući. Krpelji. Strah me ne napušta. Skidam mokru košulju, pantalone, veš, promočeni smo do kože, ali mi nije bilo zima. I onda ga primetim. Kao mali pauk uhvatio se za dlake na mojim grudima Grabim telefon:

Lusilija?... Moraš se skinuti. Odmah! Do gola! (Tajac Osećam sumnju u moguću perverznu maničnu opsesiju – skidanje preko telefona.) I dobro se pogledaj svuda – krpelji!, našao sam jedan na sebi. Smiruje se, čujem disanje, sad se opustila I ja sam nešto napipala, ne znam šta je. Dolazim odmah, kažem. Sedam u kola, ona je samo ogrnuta ćebetom, bleda. Pogledaj, kaže. Odbijam da pogledam tamo gde mi pokazuje, okreće mi leđa i lako diže nogu. Gola je. Polazim prvo od kose. Čekaj, kažem i ovlaš je strogo udarim rukom po zadnjici. Moram sve potanko pogledati. U kosi nije, vrat, grudi, pokaži oba pazuha, sve je čisto, leđa. Tibuli, slabine, uznemirene kao kod kobile pred jahanje. Nema. I našao sam ga tamo gde mi je pokazivala. Viri mu samo zadnjica. Na razmeđu njene, ubacio svoju, tamo gde ja nisam ni sanjao da bi mi dozvolila. Korov i paraziti ne traže dozvolu. Na međici, između dva otvora, u mekom tkivu. Polako, bridom palca povlačim preko uglavljenog parazita i vadim ga celog. Ne boj se, neću te iskoristiti, ja sam lekar. (ovo se odnosi na Lusilijinu nevinost, ne na parazita).Tražim lupu, dok ona, što od hladnoće, što od straha, drhtulji. Usrala sam se, kaže, i pruža mi lupu. Nisi, samo si mokra od kiše. Pod lupom šest malih zatupastih nožica sa šapama, kao da su dlanovi, maše taj Šiva ništarija, na leđima jedna crna ovalna elipsoidna mrlja, znak raspoznavanja, heraldički znamen. Rila, kao dva prsta koja blagosiljaju. Insekt je naboden na čiodu i spremljen u papirnu maramicu, Upiškiću se, taman sam htela da piskim, ti si pozvao telefonom, kaže, dok mojim kolima jurimo u bolnicu, samo je ogrnula mantil; rekao sam joj da ostane u kolima, ali nije pristala. Mladi i zbunjeni lekar zuri u Lusiliju, njemu je jasno da je ona gola, ipak dolazi sebi, pristao da pogleda i insekta, da li je zaražen. Nešto manje pomno nego Lus.

Ženka je, kaže, posle izvesnog vremena, dok ja žmirkanjem očiju tešim Lusiliju koja drhti stiskajući noge. Znala sam! krikne Lusilija. Zašto, nije dobro? pita lekar Znao sam, promrmljam ja. Doduše na mene neće ni ženke krpelji, kakve sam sreće kod mene bi bio mužjak. Ali nije inficirana, još je mlada. Nevina takoreći, dodajem. Ima li ovde negde klozet, upiškiću se vrisne, Lusilija i kroz prorez mantila vrisnu njene gole noge. Ja kao da pevam, srećan. Sinulo je Sunce, nebeski krpelj.

Vodim te na čamac da proslavimo.
Tamo gde smo se iskrcali, posle kiše nema nikog, kiša je oterala sve kupače. Sunčaću se malo da se oporavim od šoka. Ne znam koliko smo spavali, ona na pramcu čamca, ja na dnu, kada sam ugledao taman oblak iznad naših gla-

va, bilo je već kasno. Probudila me je grmljavina, sev munje – i mrak. U trenutku Lusilija oblači već mokru haljinu, ja hvatam vojničku kabanicu, ima mesta samo za dva stisnuta tela u pramcu blizu palube. Obuci moj džemper, to je jedino suvo. Iznenadilo nas je, kažem ja i mirno se skidam. Stisnuti smo jedno uz drugo, ja joj mirno pričam, gledajući je u oči koje se polako okreću i prevrću, u bale koje cure na ivici usta: tako sam jednom na planini... mirno, ali ona saginje glavu i znam šta gleda: moj nadrvenjeni ud, ukrućen kao kategorički imperativ. Pod džemperom joj je toplo, ali dole je gola i naježene kože.

Sunce! – viknem radosno, sunce! Moramo požuriti da umaknemo pre sledećeg naleta.

Palim motor i krećem. Uvijena u mokru haljinu, sa mojim suvim džemperom na golom telu, spuštenih kapaka i sa rasnim besom, teškom i kivnom srdžbom u očima, Lusilija, sa stisnutim usnama u gorak smešak, sluša moj neprekinut monolog o koprivama.

Sunce uranja u oblake, noć u dan, mesec probija nebo. Ovaj dan će se konačno svršiti, ali neko očigledno neće biti te sreće.

I to je neka sreća, osveta je draga i kad ostavlja utisak da se nešto lepo propustilo.

Naučio sam je pameti.

Ne zvala se ja Lusilija... zaustila je.

Nećeš se tako ni zvati. U svakoj priči imaćeš drugo ime. Voljene žene imaju uvek druge haljine, druga tela, imena. Ne samo jedno. One zaslužuju više od toga. I za ono što čine, još više za ono što ne čine, a mogu i treba – ko je u ovom životu propustio ono najlepše, u drugom ga za to čeka kazna.

Svi paralelni likovi svih Lusilija žude da se spoje u Tebi. To je poklon.

Žurimo se jedno drugom, nestrpljivi da se sretnemo, a razilazimo se sve brže što se više primičemo beskraju. Drvoredi jure mimo nas, dug je Bulevar oslobođenja, na njegovom kraju je most, a iza njega Kamenica, grad mrtvih, prošlih i budućih, kamenita Teba, rođena sestra Luxoru, Lusilijo, rođena sestro beskraja, raja...Aja Lusilija dominus tecum, spiritus sanctus uteri tui...te deum la Llaha il Alah... Selam Alejkum. Šema Israel Adonaj Elohim, Haj-Kaj Dionis, Adonaj Ehad...

LUSILIJA I NAPOLEON BONAPARTA

Negde na sredini puta od Počela do Večnosti u sred mračne šume u dubokoj noći, kad je Lusiliju već spreda hvatao očaj, a pozadi napuštala nada, nameri se na nju dobri Duh bregova. Odmah je njemu sveznajućem bilo jasno da ovako neodevena (stalno je hodala neodevena) i bosa, neće dospeti daleko, kamoli do Večnosti kojoj se ni obrisi nisu nazirali. Počelo sve dalje, Večnost nikad bliže, čovek na putu, u nadi, uvek na sredini puta. Sažali se svevideći, jer je u trenu sagledao sve njene čari i neuporedivu čistotu duše, izvadi jednu rotkvicu sa svog čarobnog polja, pretvori je u zlatastog dorata, osedlanog, ogrnu Lusiliju grimiznim plaštom da je sakrije od pogleda zlih duhova koji su jako osetljivi na lepotu i plemenitost, jer se njima hrane, pa bi od Lusilije, da grimiza ne bi, ostalo tek nešto kostiju, ono – silija – u sredini, posadi je na sedlo na čijem je prednjem hrptu bio urezan znak ključa.

Otkud sad znak ključa?

Postoji u ovom kraju legenda da se slavni francuski car Napoleon upravo tuda povlačio iz Rusije noseći sa sobom nebrojeno blago. Otkud francuska vojska da se zaputi baš tim putem? Pa bio im je to najkraći put prema moru, a kad su bili kod grada Rasa neko im dojavi da je tu u blizini, u manastiru Gradcu njihova rođaka kraljica Jelena u devojaštvu od Anžua i da se sprema da vojsku dočeka i bogato ugosti. Poradovala se francuska vojska, ali kad su bili nadomak drevnog manastirskog metoha, ponad sela i rudnika srebra Sasi, izvidnica koju je car poslao da konak pripremi, vrati se očajna i saopšti da kraljice odavno nema kod kuće, čekala ih, čekala, pa je otišla rodu u Večnost u grad Anžua d Eternite, a manastir je opusteo, popaljen i zarušen.

Klonu silni car i prelomi se, oteža mu silno blago u ruci i on ga više nije mogao nositi, već naredi da se tu, odmah iznad sela pod stenom Ponorac, blago zakopa, a u zemlju ureže znak ključa, ali tako da ga trava lako obraste i da se može videti samo s neba, po žutim i crvenim cvetovima koji nad ključem rastu u boji zlata i carskog purpura, da taj znak mogu videti samo anđeli nebeski, duše preminulih, ptice – i ljudi kada im telo grešno toliko olakša da mogu poleteti. Godinama su samo ptice na francuskom graktale – grande d or, viva l Amperer, ecetera – ecetare.

Otkud sad znak ključa na hrptu sedla čarobnog konja pod Lusilijinim cvetom, zlatastim i crvenim?

Legenda se svaka može tumačiti na više načina, jedan je doslovan, a drugi načini su beskrajni i zavise od toga da li duša vidioca puzi ili lebdi, a možda i nebom leti, davno od tela i telesnih uživanja odvojena. Blago može biti pod ključem, ali i iznad ključa! Pod zemljom ali i na nebu. Tu tajnu Bonaparta nikom nije otkrio. Zato blago niko do sada nije našao, prvi oni vojnici koji su za kolonom zaostajali, padali od umora čineći se mrtvi, pa u prvi sumrak hitali natrag kopajući u dubinu zemlje dok ih je iz prikrajka, sa ruba šume posmatrao lukavi car, iskačući iznenada sa pratnjom, ubijajući neverne vojnike i zakopavajući ih u rupe koje su sami iskopali. Dok se nad njima smejalo vedro noćno nebo prepuno nebrojenog blaga – sve samih božanskih napoleondora.

Tajna je – blago je nad ključem: Lusilijin cvet kojim je ona prisno nalegla po ključu i polako jašući, purpurom skrivena, sa njim vodi beskrajne, nežne razgovore, ljupko se uvijajući, snubeći se i snatreći nad carskim znakom. Koji su to razgovori bili? Vi znate kako je Lusilija razgovorljiva svim svojim usnama, kako je rečita i telom spojenim i raskriljenim na mestu koji je po ključu nalegalo. Ali njihov zagrljaj beše tako prisan, da niko nije mogao čuti ni jedne reči, ni jednog glaska. Ljubav je nema, samo ponekad bi se ključ okrenuo pod cvetom nežnim i damastnim, na rastavini njenog tela, madmoazel de Lusil bi uzdahnula, ugledala bi u tom času nad glavom carsku galiju kako plovi Mlečnim putem, šajku sagrađenu od suvog kedra sa katar-kućom od šimšira i svilenim belim jedrima, ugledala bi na vrhu abonos-katarke zlatno purpurnu zastavu Imperatora ženoljupca i kad bi se njen pogled ušiljio na sam vrh zastave i jarbola, obuzeo bi je sjaj zvezda, na nju bi se sručili meteoriti – Imperatorovi trnci i milje, u jednom trenu, po ko zna koji put, Lusilija ugleda drvo Saznaja do čega joj beše najviše stalo i već se penje *Lux*-Lusilija granama ove beskrajne krošnje, ali njena bosa noga kliznu niz stablo, i srećna

Lusilija se pukim slučajem u padu nataknu cvetom na meko i slatko vršje tek napupelog ploda, linu niz butine na sastavinama nogu tanak mlaz krvi, Lu dražesna klonu zanemoćala, ali bola nije bilo i ponavljalo se po ko zna koji put; Lusilija bi uzdrhtala, jer bi na tren ugledala več- nost sve dalju, ključ bi se još jednom okrenuo u njenom cvetu, Lusilija bi još snažnije uzdrhtala uzdišući sve brže, uzdrhtao bi i dorat pod njom, zatoptao kopitama po zemlji, zemlja bi uzdrhtala – i tako se događaju zemljo- tresi.

Jezdi tako Lusilija na leđima dorata-rotkve na putu prema Večnosti iz koje je neopravdano prognana, a mi se vraćamo Kamenici u čije prozore gledam sa svog radnog stola. Tamo dva prijatelja još uvek druguju, lekar Zmaj i njegov prijatelj Laza i raspravljaju o Lazinom mudrom i nadahnutom otkrovenju o Osnovnom načelu: Poreklo svega je u harmoniji, jarmu, snubljenu, ukrštaju, gde te- sno naležu jedno na drugo ključ i cvet, doratov hrbat i Lusilijina usmina. Sedi tako Laza kraj studenca u Kame- nici kod svog prijatelja Zmaj Jove Dobrog duha, piju la- gano vino i tada reče Jovan Lazaru pobratimu, koji će ga strašno uvrediti kad se Zmaj upravo bude spremao da uzleti u Večnost, iz čiste zavisti što ne leti i on koji je oduvek sanjao da leti, ne sanjajući da će uskoro uzleteti i on, a da neće za njim ostati prijatelj, da ga uvredom po- digne još više u nebesko prostranstvo, reče mu Jovan, prijatelju Lazaru reče on, ne daj pobratime da mi duša potone.

Teško onom ko ravnodušan umre. Duša njegova tone ispod ključa zauvek napuštajući i svet i cvet. Blago onom ko umre il' srećan il' nesrećan. Veliki Zmaj, mali Kiš Jo- van nije mogao umreti srećan zbog onog što mu se u ži- votu dogodilo. Molio se Bogu da ga neko pred smrt, na umoru ujede za dušu, da ona u patnji oživi, u kratkom trenu pred uzlet, da njegovog čarobnog dorata neko pod- bode, mamuzne i da mu duši krila u samrtnom času tela. Dece nije imao, plemenita mu žena beše svet napustila, nikog dragog da ga duboko za srce ujede, osta mu samo Lazar plemeniti prijatelj i tu mu se dobri Duh Kamenice smilovao, poslao mu prijatelja čija će duša zbog toga pa- titi i na ovom i na onom svetu – da ga za srce ujede. Ka- ko je bio sebičan mali Kiš Janoš! Ali za ljubav večnosti i prijatelj će prijatelja prodati, kao što su se dva prijatelja jedan na drugog brecnuli zbog Lusilije.

Lusilija je ime Večnosti.

Da li je Lusilija umna?

Sama Sofija nije, ali mislim da nije glupa. Šta je to pamet? Koliko pameti ima telo, nežno stopalo, vesele grudi. Nekom je pamet kora hleba nekom je vera u Boga pečeni krompir u gladi, drugom palata puna zlata.

Koliko je pametna radost?

Koliko tuga?

Lepa žena je već umna. Reče Lazar Jovi i prijatelj se saglasi klimanjem glave.

Kada su ih pitali šta rade, govorili bi da posmatraju zlatnu kunu kako preleće sa grane na granu drveta Saznanja.

Mudri starci.

Lusilija je sada crnka. Nije potamnela, njena koža je samo dobila senku, tako da njena kuna koja preleće s grane na granu nije ista. Nema više zlatne kune, kažu starci, ali ne vide kako crna kuna leti prema tamnom nebu istom brzinom i gipkošću, kapljice rose na njenom rascepu sijaju kao zvezde, oduvek sam tvrdio da Lusilija svoje nebo nosi među nogama, Lusilijine oči su duboke i tamne, spušta se noć, Lusilijom ovladava melanholija.

Dva prijatelja u predvečerje toplog avgusta 1893. na dan Preobraženja tiho razgovaraju pod senkom velikog hrasta:

Lusilija, nežna žena, sad je samo uspomena – uzdahnu Zmaj.

Dan oplete, reče Laza, noć opara.

Vezilja je ona stara – šapnu Jovan – ono moje srce ludo.

Ubio ga živi grom, moj Jovane – ne da mi se meni živu razabrati u pletivu

Tek je suton. Kuda dalje? Kod pletilje il kod švalje? Jedna plete, druga kroji – njih se moje srce boji.

Strah da besom oslobodim, što kroz mene potku veze, kad ne mogu više pesmom.

Suton dana, međa jave. Od života samo snovi – Lazar-Jovi – Obraz časni – Brazde snova, stari Lazar, stari Jova, uspomene još su žive, zato bole, šta da činim s pletivom, svakog dana sve je ređe, spram sutona nema međe, tka mi niti u pokrov, nekad burni pesnik Lazar, ko pravedni sad je Jov – hladnokov.

Dok umirem, dok ponirem
Ne treba mi Lazar-brat, sam ću ja u sunovrat
Meni treba neko dušman da ne umrem ravnodušan
Ko vezilja ona stara, dan što plete noć opara, telo trošno, noći dom, san i java, pletivom, istim onim prepleti kojim privid satka seni, teško tebi, teško meni, u istu smo snu spleteni, moj Lazare pobratime, reci strahu -ostavi me.

Ostavio ti si mene, nema svetla, nema žene, nema nikog da se sporim,

prijatelja svog osovim, prkos sretne izazov – u kovčegu onom smutnom, moj prijatelj Janoš Kiš, ko pravedni leži Jov-hladnokov

Suton kopni, noć se rađa, senkom rubnom ispod hrasta, sne lepote svetlost svija, tajne javke ljubavnika:

– tiho minu Lusilija,

stvarni privid one varke od čeg život tkaju Parke

Putuje tako tamnom šumom Lusilija-kći, nemarna prema svom telu, već poderan ogrtač od baršuna odneo je vetar i u sred šume u kolibi ona zastade da prenoći i stara žena Stamena ispriča joj pored vatre ovakvu priču:

Čuj mene neznanko prelepa, život je ljudski kao ova žigica – ona pokaza palidrvce iz kutije na kojoj je pisalo *MACHIS – Kentucky USA* (odavde se ne vidi dobro, pišem po sećanju): kad je čovek mlad on je ovako uspravan, glava mu je rumena kao što je i tvoje lice. Ali on ne pazi i žudeći za vatrom ukreše se prvom prilikom svom silinom. Sune plamen, duga kosa, kratka pamet, plamti i žari se život i tu leka nema – žigica ženica je za plamen strasti stvorena. Ali plamen dogoreva, lice tamni, telo se svija u ugarak, pogrbi se, umesto plamena dim – seda kosa ovije se i sve tanja, utihne. Evo sada zgrčene potamnele prilike, od glave, tamo gde je nekad goreo plamen, sada naniže stremi laki sivi puhor, prah, sve je prah... Zato čuvaj nevinost kćeri, jer plamenu vek je kratak, a prah i pepeo večiti.

Naravno mudra Lusilija nije poslušala babu vešticu, znala je ona sve zamke ovog sveta, kresala se gde god je stigla, o svako stablo i čvor, uživala u plamenu lečeći

35

Lu-rane salvarzanom ako je bilo potrebno i bivala sve čvršća, sve poželjnija, sve zanosnija i tako dalje, kako je već svi poznajete koji ste pripomogli da se kreše što češće na radost vašu i njenu na čemu vam osobito zahvaljujem, jer bez tog žara ni ove Povesti o Lusiliji koja putuje prema Elisiumu sve daljem, ne bi ni bilo.

Ima u kameničkom parku jedno drvo, pod njim skrovito mesto sa kojeg se može gledati kako se Lusilija penje prema Večnosti. Ko sedi pod tim drvetom i na tom mestu, ugledaće Berenikinu kosu, i mesec nad Karlovcima, Mleč zvezda i jarost izlazećeg Sunca. Ali tek kada usne pod drvetom, shvati da je ta kosmička metafora, samo drugo ime za Lusilijino telo koje je i mudrost i forma, za čime je još u drevna vremena žudeo premudri Aristotel. U stvari Lusilija je poznavala Aristotela, Aristida pravednog, vladiku Artemija (samo ovaj to odbija, jer krije svoje snove pod mantijom kao zmija noge), Ahnatona, Artaseksa, sve one čije ime počinje na A jer se na tom slovu lako i ugodno sedi, obe noge klize sa strane, a vrh slova ugodno prileže na sastavini i ne da Lusiliji da se obruši i klone ma koliko se ona klatila i ljuljala, nestašna. Time se jedinstvo oblika i sadržaja prikazuje u punom svetlu i nije zalud Laza Kostić tom svetlu posvetio svoju najlepšu raspravu o svetlosti – tvrdeći da se Elisium nalazi odmah iza očiju na sastavini, ukrštaju očnih niti, gde je žiška, kresivo svake moguće Lusilije, ne uzalud Nemci za oko kažu *Auge*... A mi OkO.

Sve je u vidu, ali onom posebnom kojim Tiresija vidi, a odakle reči potiču i ja vas puštam da se taj vid preko vas širi i da vas obuzima – toplo-hladno, Laza-Lusilija, nežno-skaredno, bludno-sveto, beskrajno, neutaživo...

Danas smo Lusilija i ja prvi dan u školi. Učimo kosa tanka-uspravna debela. Kosa je njena, tanka i nežna kao niti svile, svaka vlat naslonjena na moje uspravno, ne previše, ali prvi put me u ljubavi obuzima nežnost, ne grubost i ne stidim se što moje uspravno nije takve kakvoće kao njene kose na vrhu moje okomice.

Učiteljica nas uči slova, treba da otpevamo e da bi ga otpisali. Ja kažem A, Lusilija se inati, pući, i kaže namerno o, malo i usko. Stavim moje uspravno I na njeno malo o i učiteljica nas kazni zatvorom i naredi nam da hiljadu puta ona napiše svoje malo o, a ja da ga rastegnem bez pucanja u veliko O. Bile je teško, malo je bolelo ali smo uživali- Lu i ja sami u zatvoru, bilo nam je lepo.

Visoko c, malo i vriskavo bolno, peva u dubini njenog krila, ne vidi se i ne čuje, ni za kog, sem za nas dvoje.

Ovo može potrajati čitavu večnost – kažem Ja ushićen ređajući I na o.

O, Glup si – reče Lusi – beskonačnost po prirodi svoje suštine, ne može biti čitava. Za nju se ne može reći ni da ima delove ni da ima celinu – ona je telo po sebi, kao malo o koje postaje veliko O. Nema početka, nema kraja, nema delova. Kose se uzdižu lagano, okomice svršavaju naglo, katastrofički, katarktički, njima se čisti duša kosom na nebo uznesena, opozit kraja prema beskraju rađa ekstazu, kosmički šok koji je dar proroka...

Ovo Lusilija nije mogla reći naizust, naročito ne u tom stanju u koje sam je doveo da spozna da postaje žena. Ali u tom svečanom času inicijacije, kad je otkrila strahotu svog ženskog bića, Lusi je shvatila da je kao i svaka žena, na putu da postane pravi iskreni trbuhozborac. Kako su njene usnice, usmine mogle da se otvaraju i zatvaraju, rečito u trenutku spoznaje kad su nemo odvojene, neme kad su spojene šapatom nemuštog jezika, u svim varijacijama *gramaticae eroticae* neprevodiv dok traje, proročki u svojoj neiskazivosti, sav od metafora i meteora, duginih boja i ukusa suncokretovog semena, idioma i sinkopa, pleonazama i orgazama.

Kad je odrasla, postala je bilingvalna, uporedni prevodilac između muškog i ženskog jezika, inokorespodent.

„NAPITAK LUSILIJA VODI U BESMRTNOST"

Lusilija je raspeta na platnu, širina 5 sa 7 m i leluja se na vetru, uvijajući kukovima, grudima, istežući mišiće na nogama, u startnom naletu trke Studentski atletski miting, štafeta 4×100 za žene, ekipa Filološkog fakulteta. Engleski jezik, seminar za tvrde i meke suglasnike. Negde oko sedamdesetih, vidi se po slobodno zasukanom šorcu koji otkriva napete startne mišiće stražnjice, jak vetar otkida gornje veze, još uvek se vidi njeno telo, ali je Lusilija na panou zaokrenuta za onaj pakosni, magični pravi ugao Platon-Hajzenberg-Lusilija fenomena, tako da je sada startni pokret pun poleta i volje, htenja, podatni poluležeći stav sa tendencijom pada na leđa – i sve je izmenjeno. Volja ustupa mesto Podložnosti i Podavanju, pogled uperen u Cilj, sada bludi naviše u zanosu, ekstazi, gleda u Beskraj koji Lusiliji više pristaje od Cilja, Konačnosti. Pobeda se pretvara u Poraz, Lusilijin poraz je upravo Ekstaza koju reklamira pano, platno, lelujavo jedro karavele na putu u Beskraj: LUSILIJA NAPITAK VAS VODI U EKSTAZU. Slova su zlatna, prividno iznad nivoa slike, što je rešeno grafički, senkom sivogolubije boje koju slova bacaju na obline, otkrivajući neuočljive detalje, blage krivine i ponorna stakata pristupa Lusilijinoj preponi.

Lusilija lebdi u položaju PAD-NEPAD, njene oči su polusklopljene, umesto napora one izražavaju uživanje, o čemu govori i nešto sitniji tekst negde na nivou lista ispružene noge koji objašnjava da LUSILIJA-tinktura sa samo dve kapi dnevno, vašu usamljenost i očaj pretvara u uživanje.

Jedna njena noga je u ispruženom, grčevitom brizu, što označava ljubavni zanos ne manje nego druga, svijena u orgastičkom grču i obe ukazuju da je LUSILIJA-eliksir božanska droga, nektar kojim se nebo smeši, jer Lusilija leti privezana za Cesnu iznad Sajma poljoprivrednih mašina i priplodnih bikova u Novom Sadu, trepereći frekvencom jedne razljućene ose, sve dok ne dođe naspram Sunca i onda njeno telo iščezava, belo platno je slika dostignute čiste duhovnosti.

Lusilija je iskreno zaljubljena i žestoko pati. Patnja je sa njene duše prešla na telo, tako je snažna njena žudnja za violinistom Lazarom, da se kao što su se kod svetog Franje na dlanovima otvarale rane Hristove, tako se i njena stidnica otvorila i trepereći poput trilera, izgovara kratke molitve, žudeći klinove koji paraju utrobu, zjapi kao ustašca novorođenčeta koje žudi za sisom i davno zarašli procep himena, prokrvavio je.

Čime sve nisam mazao – pljuvačkom od ose, šafranovim kitom, svim onim sredstvima kojima se te rane leče, nije vredelo.

Pokušavam da je utešim. Sačekao sam Lazara pred poslastičarnicom u Katoličkoj porti, tamo odlazi posle vežbi, na šampite, već mi je izmicao prema Zlatnoj gredi, idući Grčkoškolskom, onom stranom gde su nekada bile javne kuće. Ne mogu da ga stignem. Noga me boli, poskakujem. Pobegao mi je. Upravo na onom uglu gde je Danilo Kiš video rasprsnuti mozak doktora Frojda na smrznutom asfaltu posutom pepelom da se ne kliza.

Zarila je prste u krempitu i zavukla ih u ždrelo, kriknula je:

kamo lepe sreće da su kupleraji i sada otvoreni, imala bih priliku da makar jednom navrati i naleti na mene

Otvoriću javnu kuću, samo za tebe i sa jednim ljubavnikom-violončelistom Lazarom.

Violinista, sreza Lusilija bitnu ispravku.

Lusilija se pretvorila u aždaju, ista je kao i pre, izgled se ne menja, samo kaže – sad sam aždaja, beži od mene. I bežim, sve dok se ne nasmeši i kaže – sad sam anđeo. Na taj način u Lusiliju može da uđe i ono što je ona stvarno *(sic?)* bila i ono što nije ni sanjala da jeste, pa i ono što ona nije ni mogla biti, a što je sanjač uneo da tra gove zavara i svoju tajnu želju omiriše izbliza.

Jedne noći vraćajući se iz Francuske, Španije (gde sve sa njom nisam bio u snu i na javi) u Švajcarskoj je htela da kupi kafu. Jeftino. Niko ne shvata strast kupaca kafe kada se ona za groš ili dva može negde jeftinije kupiti. To je potrajalo, vreme traženja kafe uzelo je lep deo vremena koje je za Lus bilo jeftino i prema Italiji krenusmo popodne. U tunelu pod Monblanom kola zastajkuju, trzaju, ali idu. Iznad nas tone kamena, mislim, srušiće se svakog časa, Lusilija uvek uživa u tunelima. Što su duži i uži, njoj lepše. U Navonu stižemo kasno, oko 1 sat noću. Nigde mesta u hotelima. Onda se ona okrene i kaže – stani! Hotel sa pet zvezdica. Prošao sam ga, potpuno ravnodušan prema njegovom sazvežđu. Pusti mene! Nasmejem se zajedljivo. L se vraća – imaćeš prenoćište o kojem nisi sanjao.

Upravo se američka svadba, hirovita, nadmena, iselila iz hotela, plativši bezbroj soba. Uselimo se za minimalnu naknadu u mladenačku sobu američkog mladog bračnog para, *blady mračni par,* kažem ja, njima i nije do tucanja, oni su se već pretucali ili nasisali droge – portir nas vodi, pita me L da li su mu dao nešto, ja se okrenem i pogledam: on kao Džems Bond, pa Lu, ja sam nehotice pružio ruku, on meni da udeli!

Jako si prost. Tako se ne radi. Daj novac, ja ću da mu dam.

„Ja ću da mu dam". Samo nije rekla šta. Puštam toplu vodu u kadu, kupka mi prija više nego ikad. Zadremao sam. Ni sam ne znam koliko vremena. Mislio sam da se Lusilija vratila i da rasprema stvari. Ulazim u sobu, nje nema. Koferi kao kad smo ušli. Pogledam na sat. Odmah sam shvatio. Ali se nisam uzbudio. Nema tog hotela u kojem se ona ne bi mogla snaći. Bogovska noć je i preda mnom i pred njom. Lu je bila uspešan kockar. To je bio hotel beskraja koji je sišao u trenutku na njen poziv na zemlju. Sobe su karte, brojevi su podeljeni, neki su zauzeti, drugi prazni, spolja se ne vidi. Da je tražim, dvostruko bih pogrešio, prvo, ne znam koje sobe su prazne a koje imaju goste. I jednih i drugih je beskrajno puno. Buditi nekog u dva sata noću ili zvoniti na vrata iza kojih nema nikog? Nisam imao njenu strast kockanja, maniju kojom sudbina, usud, daruju one koji vide život. I svoj kraj, sasvim moguće. Zato joj se toliko žurilo. Njen otac, ona za njim – izvukli su crnu kartu. Na kocki dobijaju oni kojima je suđeno da rano umru, Usud im je dodelio milost.

Počinjem da osećam preimućstvo praznog kreveta. Opasno i za mene i Lusiliju. Svilena posteljina me miluje, umoran, tonem u san.

Jutro je. Nje još nema. Zadržala se, doći će. Uzimam prtljag i silazim u hol. Devojka za pultom (Džemsa Bonda nema) smeši se i pokazuje mi glavom prema staklenim vratima izlaza. U kolima sedi Lusilija i mahne mi. Uzela je pasoše, račun ionako nismo platili, bar nisam ja, Lusilija sve u životu plaća istim stisnutim cvancikom, sedi na oborenom sedištu, zabacila glavu, sklopila oči, ozarena lica kao da prima u sebe prvi jutarnji zrak sunca koje pršti kroz prednje staklo, prelama se i svijajući se klizi niz zadnju stranu njene lako ispupčene butine, uranja u procep između ruba suknje i sedišta. Bio je taj zrak Navone, najlepši zrak sunca koji sam video u životu. Da li si srećna, pitam bez trunke zajedljivosti. Ona lako otvori oči, pruži ruku i pomiluje me uz samilosan, ganutljiv osmeh sa pet zvezdica.

Na stenama iznad Đenovskog zaliva izbušeno je bezbroj tunela. Punom brzinom prolećemo kroz jedan, drugi, Lusilija uvek pri ulazu u mrak krikne, zatim sve vreme vrišti, huk u tunelu prigušuje njen vrisak, pri izlazu se razdragano smeje. Posle nekoliko tunela, smiruje se i zaspi. Od Đenovskog zaliva kuvaju se oblaci koji su nas od juče pratili preko Mon Blana. Uskoro će se uz grmljavinu i palacanje munja sručiti dalje prema Apeninima.

Spavala je sve do Vićence, osetila je u trbuhu da se približavamo Veneciji. Kako ću te tamo naći, našalim se. Toliki kanali, uličice, mesto stvoreno da se čovek izgubi.

Obožavam da se izgubim. Kad se nađem, ne znam ni kako se zovem.

Lusilija je ovaploćenje zaborava.

O čemu sam ono počeo? O Vinetuu? Ne, o pionirima? Ma j'beš pionire!

Lusilija u haremu. Gospođo Uručević (ovde se prvi put priziva njeno prezime. Mora imati i prezime ne može vazda kroz tekst hodati golog imena), vaše haremsko iskustvo?

Lusilija u apoteci.

Lusilija kod lekara (otmeno): doktore dragi, moj bol nije u telu, nije u duši. On je izvan mene i nije moguće izvidati njegove rane.

L. u lovu.

Na pijaci. Novembar, ledena hladnoća L. kupuje jeftino poslednje paprike, krompir, skida rukavicu i ne primećuje da sa njom skida i verovatno na tezgi ostavlja i brilijantni prsten svoje bake. Umorene u logoru, u zemlji Liliputa

U crkvi. Prepirka sa popovima: zašto je Lusi gola, da li je iko rođen obučen? Da li je Bog krojač duše ili odela? Koliko se sperme prospe iza rešetke ispovedaonice, zna sama Lusilija koja je zabave radi pričala takve gnusobe u crkvi Svetog Petra i Pavla u Rimu, da je iza rešetaka čula mukle uzdahe i ropot svršavanja i potoci sperme tekli su Vatikanom. Svetila se za sve kurtizane i prezir koje su doživele.

Lusilija i Vinetu.

41

Potpuno se prilagodila tekstu kao i uvek, gađala je sa Old Fajerhendom, rukovala se sa Old Šaterhendom, jahala uz Vinetua kao prava. Bila je muškarac, kako se od nje zahtevalo. Ali unutra nije prestala da bude Lusilija. U knjizi bez ijedne žene, njoj su jajnici nabrekli i lagano joj oticala sluz niz noge dok je danima jahala, lagani bol kao kad se gasi zvezda padalica, objavio bi muke blagovesti – da još jedno njeno jajašce ostaje neoplođeno. Spustilo bi se u špag, tamo se sparušilo, kristaliziralo poput belih mekih kristala gnajsa, belo seme smrti, mumija mikrokosma, da je Tvorac bio žena, ne bi bilo zvezde padalice, svaka od njih bi, oplođena, rodila neku novu.

Lusilija inače ne može dugo da gleda u zvezdano nebo. Ne može da podnese ni svoju nagost i zato spava obučena u zvezdanu pižamu, zakopčana do grla, sa žaboima oko zglavaka i gležnjeva.

Pred vedrim nebom i nagim telom žene, mudrost prestaje i ukoči se, nastaje moždana erekcija. Galaktička polucija. Sva osećanja se udrvene u moralni zakon.

Priču o crvenom vrapcu.

L u Elisiumu, L u Sihemu L u Erdelju, vreme u pripovestima teče paralelno kao ženske noge; koja je prva, koja druga u ljubavnom zagrljaju?

Zašto je glupo pitanje – šta je pisac svojim delom hteo da kaže? Zato što pisac *neće* da kaže, već hoće da sakrije.

To je jedan aspekt. Drugi je čisto fenomenološko- semantički: kada se život završi, pripovest počinje. Pripovest se završava na mestu gde se život završio i gde je pripovest počela.

Lusilija je eros i filozofija smrti. Kako postići jednostavnost pripovedačkog, a ne zanemariti tu osnovnu nit koja bi davala dubinu. Stvaranje je već strava, poetski čin je neshvatljiv, u ishodu nepredvidljiv, ishodi lepotom i čudima a to je *slika, eidos. Lusilija jeze i smeha...*

Upravo je izašla is kupatila i manikirala je nokte na nogama:

Kad je Kjerkegor raskinuo s Hegelovim sistemom esencija – govorila je tiho i sabrano kao da čita – on je učinio dve stvari: objavio je egzistencijalni stav i podstakao filozofiju egzistencije. On je shvatio da je znanje onoga što nas se beskonačno tiče, moguće samo *u stavu*

beskonačne preokupacije kurziv moj) u jednom egzisten-
cijalnom stavu. U isto vreme razvio je učenje o čoveku
koji opisuje otuđenje čoveka od njegove suštinske priro-
de, terminima strave i očajanja.
Lusilija! – uzviknem preneraženo
Ne postoji neizrecivo. I vera je verbalna, jedino je
muk nem. I stoga je jedini svet.
Lusilija, šta je sa tobom? Koji ti je vrag?
Ne znam, jednostavno sam otkačila. Došlo mi. Eros
filosofije. Kako možeš da čitaš nešto ovako iščašeno?
Mogu li da na ovom režem nokte?
Možeš Lu. Zašto da ne?
Stvarno, zašto da ne? Strava i očajanje se neće izme-
niti niti beskraj postati bliži, ako Lusilija stavi taban na
reč „beskraj".
Stvarno si me oborio s nogu. Ono što sam zaradila u
javnoj kući trošim da ti u Minhenu kupim kristale ugaše-
nog vulkana u Sahari. (Upravo se vratila sa „službenog
puta". Radi kao „inokorespodent".)
Tek kada legne i opusti se, kada stavim glavu na nje-
na kolena, postaje mi jasna slika beskraja.
Otkud beskraj i Lusilija?
To sam otkrio već prvi put, u hotelu LUX, ovde ću
ponoviti, jer u prirodi beskraja je da se ponavlja:
Nežne i bele, njene noge u snu počivaju jedna uz dru-
gu. Beskraj počinje u tački gde se dve paralele spavaju.
Spajaju. Ima sve odlike beskraja, ta tačka ludila i eksta-
ze: praznina, počelo, umiranje i rađanje.
Kada okrenem glavu na drugu stranu između njenih
nogu vidi se nebo, drugi pol beskraja. Poneka zvezda re-
patica mine, proleti mesec, neka ptica...
Crveni vrabac leti u ruci, na grani i u beskraju, među
Lusilijinim nogama, cvrkuće.
Crveni vrabac u ruci! – šapne prigušeno Lusilija dok
točkovi aviona dodiruju pistu na aerodromu u Siudad
Meksiku. Nisam znao da se plašiš aviona, kažem, jer
sam primetio da jednu ruku drži pri dnu trbuha, drugu na
prozoru aviona, kao da se pridržava, ukočena. Ne bojim
se, upravo uživam. Pokušavam da osetim trenje točkova,
koji je to obrt, koji orgazam! Ovo čudo ponire, ja se uz-
dižem. Pokušaću drugi put kad bude uzletao. To ulazi u
mene...beskraj...

Naprslina u sferi je mesto u kojem se beskraj otvara u biće, izvor njegove nesavršenosti, nagon za otvaranjem – greška bitka, klinamen mundi. Zašto se držim uporno zadate teme, i kada vidim da to priči škodi? Beskraj. To je mesto gde sve nestaje i bića vide jedno drugo. Tu se nadam da ću sresti Lusiliju u Raju- Beskraju. Kada oslobođen tela budem dobio u brzini koliko budem izgubio u masi. Do tog časa ću se valjda ugojiti – razlog zbog čega se u jesen ptice i stariji ljudi goje, jeste priprema za let. Otkud beskraj u Lusiliji?

Nežne i bele, njene noge počivaju jedna uz drugu, kao paralele u petom Euklidovom postulatu, nerešivoj aporiji. Tamo gde se paralele seku, počinje večno jedno, Ewig Weiblich, beskraj, tamo se spajaju nesecive, neizrecive linije tuge. Ta tačka ima sve odlike počela. Ona je i jedno i Ništa, ekstazom plodno ništavilo, poreklo umiranja i rađanja. Osim što je biće, Lusilija je beskraj po principima geometriae divinae. To što je biću oduzet beskraj, treba zahvaliti Bogu. Kad njega nestane, jedino će čovek naslediti Bitak u spajanju.

Postoje tri mesta gde se ništa, nalazi. To je tačka u središtu sfere, to je beskraj na površini gde talas otvorene ljuske u naletu još uvek stvara svet – i treće je svaka tačka u mestu i vremenu pod milim bogom. Jer biće i nebiće su protkani kao svetlost i senka kao kresta talasa i udolica.

Talas na površini, završna ljuštura vasione-osinjaka, stidnica kroz koju Ništavilo zavojito ulazi u svet, u trenu povezuje početak kraj i sve između, zureći u sebe u nedogled kojem žudi i tako rubeći otvorenu sferu, svršava i začinje svet, sabira duše umrlih, jer ta pukotina je i izvor i ponor i početak i kraj svemu.

Ali što se više bliži kraj, ja sam svestan da ću morati da kažem da Lusilije nema. Tehnički, doći će to mesto. Da je nikad nije bilo? Ne. Bilo je u priči. I sve sada počinje ispočetka, a već na početku se zna – Lusilije nema.

Na mom stolu igra Lusilija ne veća od palca – mikrolusilija. „To je prirodno". kaže – „bića se smanjuju kada se udaljavaju. Jednog dana, nemoj se čuditi ako zaplovim meandarima tvog pisma i utopim se u tački koja je bunar bez dna. More beskraja, kako bi se reklo.

44

I kada me ne vidiš, znaćeš da sam tu. Mala, ali tu. Pomisliš li ružno, slomićeš mi prst.

Shvati: *meni preti opasnost od nestajanja.*

To je suština strave, lik beskraja, *aria da capo, haimarmene.*

Jednom opojeno, nije moguće više rastaviti. Onaj ko je jednom bio jedno sa Lusilijom u zagrljaju, spajanju *(Vereiningung)*, kada se probija granica vremena, dodiruje sam Bitak i budući da prelazi izvan sfere bitisanja u vanvremeno, ostaje zanavek jedno i sa onim što postoji i sa onim čega nema.

Žalosno je da Lusilije nema. Ali:

nemanje je imanje u Bitku, vanvremenom, neprotežnom Ništa. I kad se govori o nečemu čega više nema, govor je potiranje vremena i dosezanje Bitka u kojem se *jednom* i *zauvek* jednače u sjaju obećane slave večnosti.

Nedovoljna, mucava kao i svi dokazi o Večitom, ovo je elegija za Jedno. Lu.

Ja sam je stvorio, po prirodi i ubio i ne krijem svoje zadovljstvo.

Skraćeno: ko je jednom iskreno voljen, neizbrisivo je upisan u trajanju.

(Patetičnost iskaza ublažuje i prikriva komična maska).

Sve više imam osećaj da mi je izmakla iz ruku. Prazne šake. Grlo stegnuto, suvo. Da ne izađe ni reč, nikog ne zanima jadikovka. Nešto je bolje od ništa. Stvoriš je tek tako, pa ti umakne, to je kao ptica koje nema. Ona nije ptica. Magija ne može da izokrene lice na naličje, ali može obrnuto. Uzrok svake vere je u ničemu. Onde gde je prazno, počinje reč. *Lusilia abscondita* se useljava u šake koje je stežu i pretvaraju u Ne-Lusiliju, njen izvrat. Čovek je tako načinjen, da pre ili kasnije iz njega isklija Ništa.

Pokret po pokret i L. hoda ulicama nekadašnjeg grada koji je od ovog pozajmio ime. Hoda ispred patrijaršijskog dvora, ide s one strane gde su stalno zatvorene dveri božije kuće, dolazi tamo gde je sada spomenik Zmaju, ide glavom sam Zmaj. Koje je to čudo, pita se Lusilija i klimne glavom starom poznaniku. On je, vidim, srećan što je sreo. Ženu u koju je nekad bio zaljubljen. To je ništa koje stvara sreću, reč – Lusilija bridi među usnama i polagano klizi prema grudima, Zmaj se osvrće, zastaje, ne da vidi Lusiliju koja je zamakla ulicom, već sebe, svoje vreme.

I to je sve iz praznih šaka vremena izronilo na svetlost. Koju? Procenite sami.

To je magija praznog, epifanija pustinje.

kosmos Eros, eros postaje mudrost, ud-um.

u Lusilijinom krilu, sve mišljeno, zamišljeno i izmišljeno postaje stvarno.

Lusilija i Zoro. Tajni agent Z- 00R, R- 00Z

LUSILIAE ANAMNESIS. PARS PRIMA:
Lusilija u Sihemu

Lu je prvi put izgubila nevinost pored izvora Emor, u blizini potoka Zalad na putu od Kadis Varnije prema Galadu. To behu zelene livade, pašnjaci za brojna stada i tek stasala devojčica je zbunjeno posmatrala otmene devojke koje su se skupljale pored izvora da se pokažu i da vide najlepše mladiće. Tu je i obležao princ Sihem. I to su devojke videle. Ali uživanje u ljubavi bilo je tako uzvišeno da nikakav stid nije mogao da je zaustavi da ne podlegne. Iskusan u zavođenju devojaka, mladi princ je besposlen lutao jednog popodneva, znao je gde se devojke okupljaju, među poznatim ugledao je jednu divlju, ali lepu, koja mu je prkosno uzvratila pogled u kojem je pročitao i strah i želju. Tako je započela priča o najčuvenijem silovanju u istoriji

Ona je bila kći pastira, naučena na otpor i prkos, uz sve divljenje prema otmenim devojkama Sihema, osećala je da je u nečem od njih bolja, ako ništa drugo, bila je brža, jača i otpornija na nedaće – hladne noći i vrele dane. Ali ne i na sjaj mladog zavodnika kojem je prkosno vratila reč i tako se iznenada ulovila u njegovu mrežu. Jedini muškarci koje je poznavala bila su njena divlja i surova braća, nisu joj se mnogo sviđali, bar većina nije, ali ovaj je bio drugačiji. Mladić kome je prkosila bio je nešto najlepše što je u životu videla. I od toga nije mogla da se štiti i to je ispunilo očajanjem, besom.

Priča da je Sihem pastirsku sestricu na silu obležao, odvodeći je u stranu, ne drži vodu. Prolazeći pored izvora da napoji svog konja, zatekavši čopor devojaka koje su ga zadirkivale, uočio je među njima jednu najmanje odevenu i pozdravivši je dobio prkosni i zajedljiv odgovor kojem nije mogao da nađe odbranu, i tako je sjahao sa konja u svoju propast. Sve je više prkosila zadirkivanju Sihema, na zadovoljstvo okupljenih devojaka koje su je podsticale, on se sve više ljutio i tako su oboje upali u mrežu koju nisu očekivali ni slutili dokle će ih odvesti – do ljubavi, i ubrzo do smrti. Možda im je Bog i šapnuo taj nagovor da bi imao priču. Legendu koja će ga slaviti.

Hteo je u šali da silom pokori bistru i prkosnu pastiricu, da je ponizi i ismeje pred devojkama, inače je ne bi odveo tu odmah iza kamena, ali kad je oborio na zemlju želeći da je sveže i tako ostavi da se koprca i moli za milost, ponizi i ismeje, njen otpor je neočekivano popustio i princ se iznenađen našao u klopci kojoj nije mogao da odoli. On je naseo na usku stupicu koja mu se ponudila brže nego se nadao. Pastirska kći u proletnjem danu nije bila previše odevena, naročito nije imala ništa što bi je oborenu štitilo na najosetljivijem mestu koje je gorilo od žudnje. Princ je bio ukroćen, devojke su vrisnule, neke iz ljubomore, neke od uzbuđenja, neke od obojeg i pritrčale da gledaju očaravajuću sliku.

Jer vrisnula je i ona.

Premda ih devojke u čudu posmatrahu, ona se nije protivila, već toliko puta viđena slika junice koja ne beži od objahivanja, ponovila se pred očima devojaka, pred njenim sopstvenim, samo što je ovog puta mladica bila ona sama.

Bilo je to dragovoljno ali i u prinudi, ukoliko ljubav uopšte i jeste išta drugo do dragovoljnost i nasilje u isto vreme. On je sa njom razgovarao, jedinom među devojkama, opčinila ga je njena mladost, nevinost očiju, ljubomora devojaka koje su mu se sviđale i koje su mnoge bile već njegove ljubavnice, priležnice. Devojke su tvrdile da je on zaveo rečima koje joj je na uvo šaputao. Kako ga je pustila blizu, ako se opirala, kako se govorilo? U stvari, slušala ga je sa smeškom tek kad je bila savladana. Mogla je da vrišti, zove u pomoć, ali je ona radije slušala njegov šapat. Koje su to reči kojima se devojka zavodi? Ona sama ih je jedva čula, gledala je nasmejano lice, plemenite oči svog zavodnika, njegovu sjajnu odeždu, zlatom izvezen prsluk i prstenje, njegova široka pleća i ozarena, zavodila je i ona njega.

Nije mu mogla odoleti, ponizivši svoj devojački ponos pod strasnu pesen toliko svetu u lepoti da nikakav stid nije mogao da je spreči da se skoro vidno ne poda princu. Ali i on je bio zaveden, jer žensko zavodi ćutanjem, osmehom, tek nežnim razvlačenjem usnica koje obećavaju drugo, tesno rastezanje koje pruža rajsko uživanje. I on zaveden, zaljubi se u obležanu, lukavu, nevinu i ona „njegovom srcu omilje", kako je nevoljko priznao posmatrač i uhoda i odmah pun zavisti preneo jednom od njegove braće. Izabrao je najosornijeg, najglupljeg ali i najjačeg među njima, Rubena, sa očima usađenim uz nos kao u nerasta, sa čekinjom obrva koju je morao da podseca da mu ne bi padala u oči, i on uspe da ostalu braću okrene u mržnji i zavisti.

Ko je mogao biti uhoda tog prizora, javnog i stidnog, javnog jer se pročuo?

Devojke koje behu pri izvoru, samo devojke, jer u popodnevni taj čas sve muško beše pri stadima svojim, pritrčaše, da je odbrane, ali očarane prizorom kao da se skameniše, stope im prionuše za kamenito tlo, pokrenuti se nisu mogle, ukipiše se kao da su ugledale Sodomu. Gle, ona koja se do maločas kao košuta od lava otimala, zajedljivo ga podbadajući devojačkim prkosom, sada pokorno ležaše pod njim, ruku raširenih u stranu, snage skršene očima zanesenih ljubavlju, samo ih lagano sklopi. Kakva li je snaga u lavu koji košutu tako brzo umiri, da se lako života odrekne. Pa i kad joj je pustio ruke, da bi je otvorio, ona ih sklopi oko vrata svog silovatelja, obujmi ga i nogama oko pasa i tako sva sklopljena, a u sredini razdvojena, samo im lako rukom mahnu, jedva, onemoćala od ljubavi, one su divno razumele šta im želi reći – prošaputa svojim opsenjenim očima, jer do glasa nije mogla doći: „Pustite ga, to je njegovo"; prkosno ono zvere namah se pretvori u izvor meda koji izbijaše sa časa na čas kako se ona izvijena u luk otimaše da dođe do vazduha, krkljajući kao da se sa dušom rastaje, kao u hropcu, a ne bi umirala već se rađala u blaženom osmehu i znoju, našta one ostadoše zgranute lepotom tog prizora, neke ozbiljno i samilosno na stranu sklonjene glave, druge plačući od radosti, treće skamučući od zavisti, ruku sklonjenih među noge, gde goreše lepota ognja kojeg su mnogo od njih želele. Počelo je kao igra, on je hteo samo ukrotiti, poniziti i oboriti na zemlju, a završilo se kao dvojno poznanje, kao prstenovanje i razdevičenje. Osokoljen devojkama kao jatom iz čijeg je okrilja najbolju jarebicu ugrabio, videvši da se nijedna od njih ne udaljava niti glasno zove u pomoć, naslađivaše se njome i uzimaše je i obležavaše sve do prvog večernjeg časa, kad su već stada trebala doći na pojilo i ričući kao lav, nevoljno okonča svoj božanski pir, pa i kada ga moć napusti, ne presta da je grli kao i ona njega, jer srca dugo tukući jedno u drugo, tek pregradom rebara predvojena i grudima njenim urušavanim i podizanim, prionuše jedno uz drugo i ne mogaše se razdvojiti kao lav i lavica, već ih devojke u strahu i jadikujući, od zavisti i pakosti razdvojiše i on nju metnu na konja i svu od ljubavi malaksalu i oznojenu, okrvavljenu na sastavcima nogu, povede u grad, dok neke od onih zavidnih devojaka iz zlobe potrčaše u susret braći neveste tek venčane, da ih obaveste: „Princ Sihem je sestru vašu kraj izvora obležao". Silazeći sa pašnjaka na izvor, obradovani što im u susret trči jato devojaka, kako se tek preneraziše kada im se u lice baci sramota. Da im je ko od muških javio, ne bi njihov ponos više darnuo no što im to devojke javiše.

„Zar sa našom sestrom kao kurvom!" jeknuše braća u glas, svi osim najmlađeg, Josifa – Venijamin je bio premlad da luta poljima – i time je izrečena smrtna presuda princu Sihemu i sestri njihovoj.

Biblija o tom beščašću braće brza. Nije sve išlo lako. Ima skrivenih nedoslednosti, nekih ponavljanja, kao i različitih opisa jednog istog prizora, kao u svakoj priči koju priča više ljudi kroz dugo vreme, pa se i ovde potkralo to dvojstvo slika. U dva naleta priče, nije isto upravo ono što je glavni izgovor za zločin. Ni kako je Sihem sestru njihovu obležao, ni ko je za zlodelo dojavio, ni kako su oni počinili pokolj nad nevinima i naivnima, obrezanim i obrečenim. Sveta knjiga preko stidnih mesta brzo prelazi jer je u strahu da je stid ne savlada i slavu njenu ne po-mrači. Pred silom od njega moćnijom, mnogo je toga prećutao na ljubav ljudsku ljubomorni Bog. Svetu knjigu je najlakše uhvatiti u laži na stidnim mestima.

Nisu sva braća bila daleko. Dvojica su iz prikrajka videla pir Sihema nad njihovom sestrom, ali su obojica ćutala dok se zbivalo.

Josif, najmlađi, najlepši i najplemenitiji od sve braće, zaljubljen oduvek u svoju sestricu, povremeno sasvim odsutan, u daljinu zagledan, bio je nekoristan kod stada, gledao je iz prikrajka devojke kojima nije smeo prići, jer beše previše mlad, tek pošto se zbilo ono što je i on kao devojke zadivljen posmatrao bez daha, pritrča, od stida svijenoj u klupko kraj izvora, okruženoj radoznalim de-vojkama koje se naslađivahu njenim strasnim stidom, podiže je, onemoćalu i bolno radosnu, opra na izvoru i pokuša da je nagovori da beži. Ali ona nežna i znojem ljubavnim orošena, prionu na Sihema, nepomičnog na le-đima ležećeg, obasjanog ljubavnim svetlom.

Ruben, prvenac Lijin, stidljiv i ljubitelj zverinja i ova-ca koje je u tajnosti noći obležavao, motrio je i on iz pri-krajka devojke i nije im smeo prići, već je bežao od njih kao smrdljiva hijena. Video je i on i nije uzeo sestru u zaštitu, jer beše zgranut njenim pristankom koji mu smu-ti ne baš bistri um. I da je hteo da kaže, ne bi smeo, jer bi ga braća pitala „gde ti beše kad našu sestru onaj nasilnik obleža?". Da je do njega bilo, on bi sve prećutao, slagao bi da to i nije bila njihova sestra. „A zar sam ja čuvar ses-tre svoje?", odgovorio bi.

Ali bilo je kasno. U besu zapenušana braća su se već spuštala niz padine prema izvoru. Onemoćali princ i sam u bolovima i zanosu ležao je pored sestre im, očiju upe-renih u sunce želeći da se sav ispuni svetlošću i oslepi za sva druga svetla osim svetlo ljubavi. Josip, mudar i opre-zan, uspe da ga podigne i predoči mu da u ljubavi ima to-liko svetlosti koliko i mraka u mržnji koja se nadvijala nad vedro nebo njihove ljubavne slave. I princ onemo-ćao, ali ljubavlju ispunjen, podiže netom devicu, sad že-nu, na konja, meku i nežnu, ona ga zagrli i lako se prepu-sti da je podigne u sedlo. Otrže je od opasnosti i uteče u grad ocu svome Emoru, tražeći da primi sestru pastirsku, kao svoju novu kćer, snahu...

Ostalo je poznato, rekao bi nespretni i poluslepi pripovedač. Uhoda, zavidljivac i ništarija. Prepustio bi se snivanoj osveti braće, pokolju, uz jetku i brzu priču o obrezanju.

Ali ni tu nije bilo tako. Josif je bio taj koji je zapamtio celu priču i ona izgled ovako:

Braća su morala da podviju repove, jer je Sihem, grad u kojem je vladao otac Sihemov, bio pod stražom egipćanske postaje.

A sestra, verenica, nošena je pred njihovim očima u nosiljki vladara koji je svom sinu priklonio obležanu, i nevesta je u zanosu i slavi ljubavi pomračivala sunce svojom lepotom, novim haljinama, zlatnim ketonetom i mesečićima u kosi. Njen prozračni lik, njene nasmejane oči, pomalo začuđene, zapanjene viđenim bogom, gledale su i nisu videle, uživale u pogledima koji su je obležavali sa svih strana i podavala se zanosu.

Sihem je svojim muževnim mačem otkrio njen tajni, strasni rascep koji ne može zaceliti kad se jednom razvrati, u krvi i zadovoljstvu otvorio joj je vrata prema vrtu uživanja i sada je na nubijskoj robinji Neit da je obuči egipatskim ljubavnim veštinama i tajnim naukama pustinjskih plemena na mestu gde se bilje Nila dodiruje sa pustinjom, da bi voljena stupila u sam dvor ljubavi.

Ona je princa, još dok je bio dečak, naučila šta je ženama potrebno, vrstu govora koja će je ostaviti nemom i podložnom isijavanju lepote stidljivosti. Onim naukama koje su potrebne da žensko čeljade oseti svo zadovoljstvo od Boga dato, pa oduzeto, sada je ona morala naučiti kako da otvori svoje telo i ona ga je prepuštala robinji na nauk ljubavi ljubljenom, kako da mu u svemu ugodi.

Elohima, kunem se, govorila je prijateljicama, devojkama koje su videle njenu ljubav, a sada uživale u njenoj slavi, da ni sanjala nisam da ću svoje telo ovako širiti pustošenju, a da je ono sve zdravije i ornije za ljubav, da ću se pokoravati, a sama ovladati nebom. Ti si ženski lik mog dragog i ja te volim – govorila je robinji u zanosu, mlada i čedna.

Radujući se svemu što je Neit naučila, kao da je sve to ona sama izmislila.

Mi ćemo ponovo priču ispričati i ako ćemo je kome ukrasti, u ljubavi i kad se krade ume se umnožavati, jedan je smrtni greh: nikad ljubljenu ne smete dva puta istim imenom pozvati, jer će je to ubiti. I ljubav je kao priča: kad se na jedna usta ponovo pročita ili na isti način ispriča, mrtva je i ništa je ne može oživeti. Najlepše priče traže da se uvek i nanovo drugačije ispričaju, to jeste i obljuba i krađa ljubavi, ali je lepa, jer je otmena. Mnoge su žene obležane, pa im ponovo hrlimo u naručje i one tu ponovljenu priču rado primaju i menjaju je same nemim usnicama, usminama. Tražeći oprost za svoj zločin; pred ženom i pred pričom čovek je uvek kriv, kradljivac, treba tražiti oprost jer i priča je već ispričana, i svaka žena i ona nevina i već obležana jednako su pred ljubavlju nevine i pre i posle obljube treba tražiti praštanje.

Svaku priču stoga treba pričati uvek ispočetka, priče su uvek nanovo nevine, da se vidi šta je prvobitno prećutano, a ne šta je rečeno. Uvek ponovo nevinost izgube. Sve dok ne zanesu i ne pojavi se istina.

Jer šta je drugo ljubav, do smeštanje svojeg semena u trbuh neke tuđe priče?

U mislima, ona je trčala. Još uvek u strahu, bežala je da ne podlegne voljenom, ali mu je trčala u susret. Josif je ispričao drugu priču, ispričao ih je nekoliko koje se nisu slagale među sobom, ne iz želje da išta sakrije ili stoga što mu se razum pomutio viđenim, ali njemu, maštovitom i viđenjem ljubavi svoje sestre prerano ozarenom, nije verovati: govorio je da je video kako je princ odvodi iza kamena odmah pored izvora nije se sećao da je ona bežala ili se protivila. Naprotiv, išla je za njim pokorno i poslušno, oborene glave. Pa je posle ispričao kako se ona borila, ali je brzo podlegla. Pa je sve spojio u jedno kad je ponovo svoju sestru ugledao ukrašenu ljubavlju. Sada joj je glava bila blago uzdignuta, ne previše prkosno, jer joj je ljubav šaptala da nađe meru prkosa i pokornosti.

Takvom su braća videla svoju sestru. Kao devojku obležanu. Kao već ispričanu priču. Tek sada stidom i slavom ovenčanu. Izgledalo je da je bleda, ali bila je prozračna. Zanesena slavom obležane, ali ne odbačene, već obožavane, ona je sijala svetlošću koja je iznutra osvetljavala. Tu zavist nisu mogli da podnesu.

Nisu od braće svi bili na nju ljuti. Najmlađi, Josif ugledao je u njoj šapat boga onakvog kakav će biti za njega; neko treperenje, zuj mušica iznad polja, kao da se ništa nije desilo, kao da nema sramote koju im je sestra nanela, ljeskanje ribljih mehura u sudaru Jordana i Slanog mora, vihor koji povremeno uzdiže naviše sa peskom i palmino lišće, osušeno i izmrvljeno suncem. I sve i ništa.

Nju je Neit učila kako da hoda, kako da drži glavu, telo, kad sedi. Da svi osete njen ponos što je žena, voljena, ljubavnica. Skupoceni ketonet izvezen srmom mesečine i zlatotkan sunčanim zracima, namešten je tako kao da će svakog časa da spadne. A držao se uz grlo tek kljunom od bronze onakvim kakvim ptica Emu, mužjak, pribija uz tlo vrat svoje ženke pre nego je oplodi. Na pragu Edena, vrta u kome se miris i zvuk prepliću u slike. Njoj postaje jasno da svet biva budan tek u ljubavi, dotle spava.

Povremeno bi samo osetila u trbuhu ubod, kao žaoku na mestu nekadašnjeg slavlja, laki znoj bi odneo povetarac. Znala je da bi sve moglo ponovo buknuti pod plodnom kišom semena, kao oni raznoliki cvetovi koji se u pustinji pokažu kod prve kiše, otvore svoje krunice pred žarkom prisilom svetlosti. On je bio tu, njen oblak u mirisu narda i bojama šafrana na njenoj odeći.

Kod oca je stanovala u šatoru žena, večito privremenom staništu, odvojena zastorom od robinja, njihovih tkalačkih razboja, priležnica njenog oca, njene braće. Sve pokretno, ništa prisno sa zemljom, uvek na putu. Njen otac je jedino u nebo imao poverenje, više noću, kad je ono rečitije nego pod vladavinom sunca. Divila se čelu svog oca, snažnoj, u sredini razdeljenoj ploči, prejakoj da bi shvatila njeno žensko, lako ispupčeno, nabubrelo u ljubav. Strava novog Boga i prisnost koja se postiže tek žrtvom, bolom, opasnošću.

Ona je osećala boga u sebi, obuzeta ljubavlju za nju je bog bio ta ljubav sama. Nije umela da laže, njen bratić Josif je od nje uvek mogao da isprosi dobitak, lažući je, ona je to znala i smejala se njegovim pričama. Ona je bila istinita, Josif je gledao u nju ozarenu i slagao je – izmislio je boga iz njene istine, njene ljubavi.

Kad se u njoj rodio, novi bog je bio nalik na ženu, majku, razuman i nenasilan, blag, ne kao Jakovljev, strahoban, već strpljiv u ljubavi. Uskoro će shvatiti da taj bog mora umreti zajedno sa njom, da on za sebe traži sve kao žrtvu, ne samo nju, već i voleći samog sebe najvišom ljubavi, sam će se ponuditi na žrtvu i biti raspet. U znaku žene. Nudeći se svetosti, kako se i ona ponudila. Pribijena klinom muškosti, ruku raširenih u stranu. Raspet večito, uminuvši za kratko, ali ne zauvek. Bogovi rođeni u ljubavi besmrtni su, njima se meri vreme. Bilo kada vaskrsnuće i spojiti svoj iskon u trenu neba i duši žene. Snaga njene vere ležala je u tom jasnom, iskrenom obećanju. Koje nju jedinu i neponovljivu nije videlo, već je privelo u kraj i obležalo je, žrtvovalo, raspelo, pretvorivši njen život u priču.

A da ona kao ni protiv Sihema, nije imala odbrane. To nije bog protiv kojeg bi se ona borila, kao što je Jakov morao sa svojim, jarosnim, surovim i opakim. Ona se svom mogla prepustiti do kraja, pripitomiti ga srcem, obujmiti nežnošću. I time omileti srcu njegovom.

Podavanje koje je unela u obožavanje svog muža, božansko anđela i ljubav žena mešali su se podjednakim razmerama, da bi voljenog, ovenčanog slavom, priveli slabosti ljubavi; bila je spremna na njegov mig da se poda bilo kom; biti ljubavnica je za nju bilo početak svetog, biti sveštenica samo nastavak popuštanju nasilju da bi se ukrotilo. On je bio Bog muških, ona jedina stecište Boginje ljubavi, napuštene Ištar. Davati se svima, najveći je dar sebi, nestanak stida je nestanak straha, bol u nežnosti uzvišen koliko i spajanje sunca i noći sa svim zvezdama, zamiranjem dana hladi se i znoj ljubavi, upornim menama meseca sazreva žensko plodno jaje i obnavlja svet.

Kao kćeri pustinje, njoj je bilo jasno, negde u dubini, podno svoje podložne strasti, da mora umreti. Na koji način, nije znala. Verovala je da će to biti u nekoj bestelesnoj slavi u pamćenju svojih prijateljica, istih onih devojaka koje su bile svedoci njenog poraza, podložnosti, snubljenja iz kojeg je iznikla njena slava. Nije joj bilo jasno kakav je to svet koji sada gleda. Ali je jasno uočavala kako kroz koprenu zavisti u dušama tih istih devojaka prozire jedna zajednička slava, zavetovanje bogu koji može u strasti posrnulu pastiricu da uznese na tron ljubavne slave, sile strahotne koliko i lepe. U zanosu koji joj je svet obasjavao nekom nezemaljskom svetlošću, ni jednog trenutka nije zaboravila svog anđela zaštitnika. Njemu se prepuštala, da odredi sudbinu kakvu god želi. Znala je da može umreti, ali da je preobražena onom silom koja njene suze zahvalnice pretvara u svetlost ljubavne moći kojoj se ništa više ne može odupreti.

Ganuta pustinjom u kojoj se jasnije ogledao njen život u punoći, mali ljudski život koji u jednom času može da bude tako velik da se tragično sruši u svetu bezljubavne pustoši. Da će mržnje nestati i surov bog osvete postati Bog ljubavi, nije razmišljala. Strepela jeste.

Posmatrala je pustoš i osetila da joj se moći razrastaju. Surovost sunca, koje osvetljava sve što postoji i samo u toj surovoj svetlosti živi, ne manje obuzimala je i strahota noći, koja priziva tamu iz dubina neba i pokazuje da u njoj ima neshvatljivog – zvezda, planeta, Meseca. U toj zanetosti svetom, zasenjena svetlom, osvetljena senkom, ona je shvatila da je On opsena, a jedina istina njena ljubav. Dar njenog tela. Kao i mnoge druge žene koje su videle božansko, uskoro će iskusiti gnev slepih, ugledati smrt svog dragana – nasilnika i nasilje svoje braće koje neće ni nju poštedeti, proričući osvetu kao znak ljubavi. Razumela je surovost boga kojem su oni zahvaljivali što postoje. Jedino bezmerje koje taj osvetnički bog ima, jeste bezmerje besa i ludila, mržnje i obilja smrti. Shvatila je i to da taj bog mrtvih postoji samo zarad ukidanja života, da mu živi trebaju samo da bi nestali u njegovoj slavi, svirepoj svemoći u kojoj nema uživanja u sreći. Bez žrtve, bez smrti njega ne bi bilo. I tek kada čoveka načini praznim, kada ga baci u prašinu, tada je on bog moći.

Braća su živela u njegovoj moći. Ono što su ni svojim prostim dušama razumeli, videla je ona, njihova sestra.

Tom bogu jedina ljubav je u smrti.

U priči stoji da su braća privolela Sihema da se obreže i u istom času naredi da se svi njegovi obrežu. U stvarnosti nije bilo tako. Bila je tu i egipatska posada, oni su već bili obrezani. Ali braća priđoše Neput-Reu zapovedniku, masnom i lakomom na srebro i zakukaše: zar mi narodi srodni, i mi i vi u jednom bogu obrezani, njemu zavetovani, da ovu sramotu podnosimo? Nije njemu bilo stalo do sramote njihove sestre, poljske čobanice, ali jeste do srebrnih prutova koji oni istresoše iz koža svog oca i ponudiše mu. Posebno mu je za oko zapao obredni amulet od zlata sa rubinom. Povede svoju četu u lov na lavove izvan grada na dva dana hoda. Oni su jedini u gradu imali pravo da nose oružje.

I tako se zbi. Obrezani za ljubav Egipćanima i novim zetovima, Sihemljani podlegoše mačevima i ognju i sestra pastirska bi prva ubijena.

Sramota je skinuta sa imena, ime je skinulo sa sebe ljubav.

Jedino ovde priča vekovima ne odstupa. Sve drugo je pod znakom sumnje

U početku njena braća su osetila bes. Ali prišavši Sihemu, uplašeni, počeli su da se osvrću, zbunjeni ljubaznim ljudima koji su ih mirno pozdravljali. „Ne", reče Neftalim pošto je dugo gledao verenicu u nosiljki, „to nije naša sestra. To ne može biti, ona to ne bi dozvolila". Bila je i nije bila. Sada je nedodirljiva, u sjaju i ponosu svog razdevičenja. Jedina prisna, mažena i blago voljena, ona to više nije bila.

Ali u krčmi neko pijan i pakosan reče – „kadeša". Sveta bludnica. Ohrabrena pićem, braća sunuše ka njemu i smlaviše ga. Krv im je ušla u nozdrve i sve je bilo lakše.

„Gde vam je sestra?" – upita pijani Juda i tek tada je oni poznadoše, kad je nestalo straha, tek tada se setiše ponosa.

„Nije to naša sestra, no naša sramota", reče razroki Neftalim, i tako bi odlučena sudbina njihove sestre.

Koja je u celoj priči prećutana, potisnuta u stranu. Kao sramota.

Surovi bog je obrezane poveo u smrt.

Gledajući pokolj, Josif je dobio padavicu, I odveden u Egipat na lečenje.

Tamo je otkrio da je bog ljubavi i nežnosti već postojao i on ga je prigrlio kao svoju sestru u času kad je okrvavljena, ukočenim pogledom prvi put videla da njen brat ne laže.

Braća su postala izvori naroda božijeg miljenika koji će iz svojih jasala roditi novog boga vasione.

Na povod su svi zaboravili. Jedna ljubavna priča, surovo prekinuta, pokrenula je nebo da se otvori.

LUSILIJA U ELISIUMU. ČAST VTORAJA

(tajni roman milovana vidakovića)

Drugi put je Lusilija izgubila nevinost u Elisiumu, raju zemaljskom, u blizini Larise, kraljevskog grada gde je vojvoda Bučan zaveo. „Drvo se na drvo naslanja, veli naša serbska poslovica", govorio joj je na uvo. „Čovek na ženu. Istina je jedna, mi jedno bez drugog ne možemo". Nisu nju zavele te lukave reči, već glas koji joj je tiho, šapatom rovario u uhu i palio utrobu plamenom požude.

I tako joj je uzeo nevinost.

25 nov, 828. rodi se Marko Glišin u 1/2 dvanaest noću

Lusilija je nevinost izgubila u rajskom vrtu, što, kako i svete knjige uče, nije retkost, anomalija, pre bi se moglo reći... ali naravoučenije uvek dolazi na kraju, kad je za kajanje kasno. *Svaku priču stoga treba pričati uvek ispočetka, priče su uvek nanovo nevine, da se vidi šta je prvobitno prećutano, a ne šta je rečeno. Uvek ponovo nevinost izgube. Sve dok ne zanesu i ne pojavi se istina. Znamen samog stvaranja sveta koji je stvoren kao Ime i ako bi se ime samo ijednom ponovilo, svet bi propao, vratio bi se na početak*

Da neko žensko čeljade nevinost izgubi dvaput zaredom, redak je estastveni događaj, ali zbiva se. Opisano je. Ima priča o tome. Ako je devojče do te mere naivno, neuko u stvarima ljubavnim i blagorodno, dobrodušno, pa joj prvi nauk nije dovoljan da se uzme upamet, lahko nasedne i drugi put, i treći ako treba, pogotovu ako joj se tako dopadne. Prevarena od dragosti onih koje polno sjedinjenje prate, da milju odoleti ne može ili je ini silnik molbama, pretnjama, lažnim obećanjima, a katkada bome i silom, na to ne primora, kako će druga i treća čast

57

pripovesti pokazati. U Sihemu na Emoru, Elisiumu, Erdelju, gde god vam drago. Kad mislite da je nevina, shvatite da je već prežde obležana. Po prirodi pripovesti, historije, anamnesis, Elisium bi trebalo da dođe pre Sihema, ali vreme u pripovestima teče naporedno kao ženske noge: koja je prva koja druga u ljubavnom zagrljaju? Hodanje i voljenje se po svemu razlikuju. Kad hoda, čovek puzi, kad vodi ljubav, leti, ali u prirodi ljubavi je od Postanja, da se vremena u njoj mešaju (pa i ponavljaju) kad se želi ispripovedati, a kad se u zbilji provodi, vremena tu i nema, jer je to vreme sveto i bezgranično, još od onog čas kada je naša pramati Eva, isterivana iz raja, onako s ruke i u trku , usput ukrala zadnji prizrak Vrta, koliko je sa dva prsta mogla dohvatiti i taj komad sreće i besamerja zauvek skrila, podnimila u svoje krilo pod pregaču; može se reći da se raj otada ponavlja gde god da se zavetnim rabošem ljubavi pristupi i slomi pečat devičnjaka kojim je naša mati na sebi Raj zapečatila, da se bez strasne želje i iskrene ljubavne namere u onamo niko uvući ne može.

Raj se uvek i nanovo javlja tamo gde je uživanje u ljubavi rajsko i gde se *ono* vreme otvori zavetom strasne vrline i iskrene molitve i želje. I ne zove se uvek Elisium, to je ovde slučajno. Ni raj ni ženu voleću ne smete nikad dva puta istim imenom nazvati ni samo jednom obležati. Ni imenom ni himenom jedna žena nije dva puta ista. U ljubavnoj priči se i ime i vreme kidaju, jer iza njih je beskraj rajskog uživanja i zadovljstva. Jer šta je priča do ljubavnik koji se uvlači u tuđu postelju, one koju voli? Može se dogoditi da u nekoj knjizi Elisium dođe napred, a Sihemski slučaj kao potonji. Rečnici, molitvenici, pa i neke od umnijih knjiga, one najlepše na svetu, (Sveto pismo!), kao i polni organ žene, mogu se čitati i spreda i otpozadi, i na milione raznih načina, samo treba mašte i nauka dobre volje – i vremena dokonom.

Upravo kad je ona bila u dubokom snu, pored izvora u vrtu ležeći, dok joj je vetar raskopčavao košulju i mrsio kose, naišao je zli vojvoda i ugledavši prekrasnu devojku kako spava, ne malo se iznenadio i uplašio kad je na njenim razgolićenim grudima ugledao sklupčanu zmiju sa alem-kamenom na glavi. U ruci je imao samo štap. Bojeći se da ubijajući zmiju ne povredi i nežne, bele grudi usnule devojke, on je zbunjen stajao pred lepotom i nije znao čemu više da se divi, da li prekrasnoj odeći u koju je usnula bila odevena ili alem-kamenu na glavi carice zmija. I on namah smisli šta će. Otrča do kuće, pomuze kravu, uzvari mleko i trčeći natrag kao bez duše, onako toplo ga u loncu doneše izvoru, podstavi ga tako da je zmija mogla osetiti miris toplog mleka (pravac vetra) ne bi li je odmamio. Ali se zmija nije dala prevariti – toplota i belina nežnih ženskih grudi, toplijih i beljih od uzvarenog (pa malo i smlačenog mleka) obećavale su više i zmija je to znala. Na to vojin poče da pevuši jednu staru basmu i zmija se podiže, on sunu strelom sa svog luka, jer i to beše doneo od kuće, i zgodi zmiju u vrat. Kako se ona uvijala i krvlju prskala telo devojke, tako joj je strela sve više rezala šiju i ona izdahnu. Poslednjim dahom ona progovori – „zli čoveče, zlo činiš i jasan mi je tvoj naum. Ali neće ti poći za rukom da nevinu obležiš. Svaka žena od majke grešne rođena, već je u utrobi svojoj obležana.“ Ali se ovi nije dao zbuniti i priđe usnuloj i dok je ona snevala ne sluteći šta se zbiva, još manje šta će se tek zbiti, on je, gonjen žudnjom ploti, logično razmišljao· ako je ostavim da spava, nikad nisam siguran da će mene sanjati. Ovako će me sanjati i kada bude budna. Lahko joj pristupivši, tek sa dva prsta odškrinu veo njene odeće otkrivajući joj prvo članke, pa kad se ona samo promeškolji, i kolena, pa i butine i potom drhteći od sladostrasne žudnje, dodirnu je. No kako se svaki cvet otvara pod suncem, tako se i njen cvet nežnih latica otvori i u tom času vojvoda se raspameti, nije se hteo više uzdržavati. Možda u početku nije ni imao zlu nameru, jer u duši ne beše zao. Ali lepota žene i dobrog čoveka čini zlim i zločincem. Ovoga puta na Lusilijinu štetu, a na uzajamnu radost i dragost.

Zbi se.

Za tili čas.

Nije stigla ni da vrisne, a već je poljupcem, dvostrukim pečatom bila zapečaćena. Gore linu začuđeni muk, a dole tanki mlaz krvi.

Jeste da je bila u snu, i to tako dubokom, da je jedva osetila prvi dodir, ali već kod daljeg uzimanja, takva je silina miline obuze, da se u pospanoj slomi svaki prkos ako ga je i bilo. Sve ono milje i dragovanje koje se u njoj rasu i koje od prirode čina ishodi, oduze joj pamet i pomisao da bi se i mogla odbraniti. A zašto bi? Šta bi time dobila što nije imala, a šta bi izgubila što je dobila? Kad je već kasno, nek bude lepo. A kako joj je bilo, od stida ne bi mogla ni samoj sebi reći ako bi i priznala.

I tako vojvoda obleža Lusiliju. Kad se ova probudila, sve je bilo gotovo, avaj! i ona shvati da je prekrasni san koji je sanjala bio prekasna java, ona poseže rukom da uhvati san, ali nasilnik se već udaljavao, napuštao je obležanu, njenu čast sobom odnoseći, njena ruka pade na krilo i ona ugleda vlastitu krv u kojoj se kupao raskinuti oreol njene nevinosti, prsten devičanstva; silnik napusti njen san i ostavi je u javi očajanja i užasima kajanja, a u uglu slike se videlo kako nevaljalac nestaje. Iskošena usta na polupropfilu jasno pokazuju da se pakosno smejao, pošto je obavio obljubu, devicu drsko napunio semenom i požudu svoju, tako kradom, prevarom, nad usnulom zadovoljio.

Za nauk devojkama da ne usnivaju neoprezno u vrtovima pored izvora, jer nije retkost da upravo tu neko navrati i ožedneo ugasi dvostruku žeđ – a devojci, vaj! vriska, plač i kajanje, ali uzaman, rajski vrt je sada dolina plača, već je kasno. Kasno dođe i ovaj moj nauk, ali se nisam ranije setio. Devojka bi bila nevina, ali i priča.

No mi ostajemo u okviru slike, rajskog vremena, ne verujemo dragi čitaoci da bi iko od vas poželeo da prati nasilnika i bezumnika strasti, već svi obuzeti sažaljenjem i samilošću upravo želite ono što i ja, da, ne više nevinu Lusiliju prigrlite na svoje grudi, pružite joj utehu nežnim poljupcima u čelo i prikladnim rečima utehe, po kojom umesnom, ne previše skarednom šalom, tek da joj se čelo razvedri i bol umine. Bez grešnih pomisli, da bi ta moralna uteha išla dalje od želje da se telesni, i duševni bol, svakako jači o telesnog, ublaže u skladu sa hrišćanskim naukom o ljubavi.

I devojkama još jednom za nauk: i u rajskim vrtovima oprez, jer bog začas ostane bez njemu obrečene nevinosti. A propast je zauvek i dvostruka, em devojka, em bog ostanu bez amaneta, zarečenja, sve je gotovo, telo je otvoreno, duša izgubljena, pakao je dobio za večna vremena, svršilo se...

19 julij 822; sada je 12 sati poldena

Oko nje raj, u duši pakao, zadovoljstvo ljubavi u srcu. Jer ona njega beše zavolela premda je napustio, njeno srce prileže njegovom tvrdom i neosetljivom kao bršljanova vreža uz grubi hrast. U naravi je devojaka da vole onog ko ih ima, a ne onog ko ih želi. Ona se opra u vodi iotočnika u šumi i plakaše jednako: o ljudi, ljudi, kako ste pakosni i zavidljivi. Što ću sad bez nevinosti, časti moje devojačke... i tako to. Suze su joj sijale na mesečini, jecaji nadvladali huk sova, ona svoju nevinost otprati okupanu u suzama. Ali u srcu joj se širila toplina ljubavi i ona nije mogla da je zaustavi ni jecajima. Jezik je njen proklinjao, a srce njeno blagosiljalo nasilnika, razrešitelja njene uzice, zlobnika i skrnavnika njene riznice, njenog oltara kojeg je Bogu zaveštala, jer – pored ostalog ona se zarekla da bude monahinja i nevinost je svoju Bogu obrekla, ali joj sada ne beše žao, ima monahinja koje nisu nevine, pa njoj sad dvostruka korist, jer joj nikad nije bilo jasno šta bi Bog da radi sa nevinošću devojaka, vireći neprekidno i proveravajući je li riznica opljačkana ili jošte uvek nebeske milosti puna. I začudo, opljačkana riznica, ona to oseti, ne samo da remenom beše viške puna, no milosti u njoj beše više nego ikad. I za ljude i za boga dovoljno. On je nju zaveo, naterao je da se u njega zaljubi, pa je ostavio. Ni otrovne spletke, ni nepravda, ni tamnica koje je dopala, nisu mogle da prodru do tajne u njenom srcu; on je njenu nevinost uzeo i ono što se uzme ne može se vratiti – on je nevin postao. Vojvoda Bučan je sada žena!

A to je i njemu samom postalo jasno, jer u prvoj bici koju je car Dušan vodio protiv Grka, on, ljubavlju onom i nevinošću ukradenom obuzet i zgranut, umesto da se bije, snatrio je, sanjao o devici-razdevici, i njemu jedan dečak iz protivničkog tabora, onako kao šale radi, jednim zamahom mača odseče glavu. I dok je glava silnog Bučana udarala o džombasto tlo, otvarala su se usta i samo jedna jedina reč se čula: Lusilija, Lus... nije bilo više vazduha, jer se glava odvojila od pluća, ali i ovoliko je bilo jasno. Ljubav i smrt nisu baš rečiti.

Pisac ovih redova ostavio je vas neoprezno pored onemoćale Lusilije i protivno zaricanju otrčao za vojvodom Bučanom obuzet pravednim i plemenitim gnevom

61

osvete. I obavio je, vratio se Lusiliji i vama dragi čitaoci. Šta ste vi radili u međuvremenu?

A Lus?(ili -ja)

Ljubavlju zgranuta, ona je hodala malo raskrečenih nogu kao da hoda po brodu na moru ili u času zemljotresa, kada se tlo pod nogama izmiče. To je onaj „okeanski osećaj", poznat svima koji jašu na talasima, mornarima i ženama podjednako, jer rana nevinosti široka je koliko i okean pod nogama, teško zarasta i kad prestane da boli počinje da bridi i viče svojim dubinama, ljubavi nezasita.

Uzeo si moju nevinost – ružila je ona nasilnika – ono što je Bogu zavetovano i samo je njemu pripasti trebalo. Šta da činim, šta Bogu da rečem kad po svoje dođe? Zar sam ja čuvar sikilja mojega? Uzalud me moj učitelj i savetnik savetovao da pazim da se ne pokliznem, jer klizavo je muško seme, klizavije od pšenice u ambaru – žena se oklizne i seme je očas napuni, na Svete Mravce kad žene krišom ulaze u ambare i gole sa valjaju u žitu, i to mlade više vole pšenicu, jer je blaža prema njihovim dlanovima i tabanima, trbuhu i vratu, pupku i stražnjicama, bradavicama i dražicama, dok je starijima prijatniji oštri kukuruz, heljda i ječam. Teško je u toj slatkoj muci čedan biti, žito od kukolja razdvojiti, jedva da ženice nešto jače šenica bode, a kukolj je obliji, duši i telu miliji.

Proklet bio vojvodo Bučane, što me mladu i radosnu u crveno zavi! Tog plača, te vriske, tih suza i tugovanja! Srce da čoveku prepukne. Ali kasno je, previše kasno... (nastaviću sutra)

19 janavra 825, rodise Peri Savinoj čedo na greh

I da joj je bilo za nauk? Neoprezno ludo, bezazleno stvorenje, moja Lusilijo!

Opet si izgubila nevinost!

Bolje da te je zmija ujela! Ruku na srce, zmija i ne hte da to učini, jer da je htela, ona je to odavno mogla, ako nikad ranije, a ono dok je vojvoda po mleko išao i kravu muzao, pa mleko vario. Smišljao se gde je zaturio luk i strelu, pa vraćajući se put pogrešio. Zmija je, čeljade hladne krvi, svoju htela na toplim grudima devojačkim ogrejati. Vojvoda je umesto zmije za srce ujeo, beše zmiji zavidan, svoja zmijska usta na njene usne prislonio, pa potom, dok je devojka i dalje snevala ne sluteći šta se sa njom zbiva, i na grudi, koje još naježene od zmijske hladnoće i tajnog sna devojačkog behu napupile, i to usnama na same vrške gde je žensko najosetljivije da se u njemu probudi žudnja, pa i pohota ako hoćete, jer kao dve zmijske njuške ponajpre osete opasnost po nevinost, i ne samo to, već i na cvet devičanstva, koji nasilnik opustoši – Bogu zaveštanu pokretnu i nepokretnu imovinu, muškim mačem razvrati latice (de-flores) i tučak (sikilj) natrlja do usijanja.

(Izmeniti: vojvode ne muzu krave. Potkralo se. Mora da je naredio nekoj devojci ili odrasloj ženi, ne govoreći zašto mu mleko treba. A i tu je trebalo vremena, dok je devojku od posla odvojio, lažući kome mleko nosi – siroče jedno, itd.).

No Lusilija imadeše sreće, da je sveti Starac kod kojeg je u nezi bila, prihvati onako bolnu, sa bolovima i ranom u telu i srcu, i privivši je na svoje grudi, ganut njenim suzama, zapeva joj najlepšu pesmu utehe: pouči je mudrosti, najboljem leku od svake zlokovarne primisli, zlobe, zavidljivosti, lakomosti i požude. Srce silnika, pakosno, pohlepom obuzeto, sve gnusne, pakosne primisli izli na nju, a on je svojom utehom opra

Za utehu on joj pokloni jedan pojas srmom i biserima ukrašen:

„Uzmi, reče joj, kšćeri moja, ovaj pojas koji me je u čas u plave oblake uznosio i u kapljice kiše pretvarao sa kojima u vazduhu mogah kao zvezda da svetlim.“ I još joj dade *Poučenije o načinu kako sebe ljubeznom prema svetu učiniti,* udovoljstvo koje je tako slatko. „Budi milostiva“, reče joj, „blagonaklona, gledaj šta ko ište i šta ćeš kome dati...“

„*832. sreda 6 avg 3 sata popodne. Ilindenski kresovi, jedva ja i Melanija spavati možemo*

Ispriča joj povest Čovečanstva, zatim na svodu svoje sobe pokaza joj onamo namolovano kobaltno nebo zlatnim zvezdama posuto, tamo i Sunce sa svojim planetama igraše kolo i ptice se veseliše u tom raju, obilje buba, zlatnih, bronzanih i tamnih kao zift, letelo je pod tim svodom, slaveći Gospoda, njegovu silu, premudrost, uzvišene promisli, koji je sve to pred čoveka stavio ne išteći ništa zauzvrat do našu nevinost, ali uzaman, nje nema više! svemir se ruši kad nje nema. Ukaza joj na naučavanje fisike, katihizisa i metafisike kao puta za spasenje duše, sva sladosna čuvstva Razuma, posavetova je da ovde ostane sa njim i nikako ne ide u grad, gde ljudi samo gledaju kako će ko koga da prevari i obmane, premda su dobrog srca, leglo su razvrata i bluda, nasuprot skladnih čuvstva, sladosnog blagodejanija -pohlepa, zavist, pritvorstvo, požuda vreba nevinu, obezoružanu žensku koja nije spremna da se odupre raskoši, dvoličju, pijanstvu, laskanju i bestidnosti. Ljudi se dele na mnoge klase i svaka klasa po svom podobiju i vrsti svoj karakter ima i potom svaki čovek po sklonostima svog uma i srca svoj karakter; po sili vaspitanja i prosvećenja ima svoju sopstvenu ćud: pun je svet policaja, akademika, magistra nauka, svako od njih je zlodej. Kako tamo samo ženskinje zavodljivo njiše kukovima, kako sisiće podlažu gledanju,

Ali reče im prorok da će im se zubi prorediti, kosa otpasti, umesto sjaja očiju zavladaće mrak, ognjene haljine, džak sumporni mesto njihovih haljina, ...

sladko čuvstvo, golemo kajanje, svaka obljuba je vreća sumporom namazana, očas paklenim ognjom plane *(Knjiga proroka Isaije)*.

Potom joj pokaza zbivanja Istorije, ispriča joj o Srbima kao narodu drevnom i suze pokajnice zameniše u njenim očima suze rodoljubive, zatim joj pokaza sva zla koja su drugi nama činili, a mi nikome, pa opet suze, pripovedao joj je zatim o pčelinjem saću i marljivosti kojom pčele skupljaju polen po cveću koje se podatno otvara, pa o kvazarima, crvenim patuljcima i svim čudima svemira, o pulsarima i crnim rupama, rasutim i nevidljivim kao što je i podlost ljudska nevidljiva, kao što su nevidljiva i ona bića kojih tušta i tišma može stati na vrh igle, a u naše telo na sve otvore ulaze ne poštujući nevinost i sve joj to predoči primerima, a ne slikama, da ona ne pomisli da je sve to samo priča, i ona se do te mere zanese, da srce svoje privi uz tog mudraca, koji se Iskariot Peleponeskoismiričeski zvaše, srce puno zahvalnosti i praštanja prinese mu, zagrli ga, ali u tom času, ne odolevši primamnoj strasti koja ga je obuzela, mudri Starac joj poče na uvo govoriti svakako stidne i poročne, zavodljive reči, ona isprva nije shvatala, nije mogla da veruje, mislila je da joj se pričinjavahu njene sopstvene mračne i grešne žudnje, skrivene želje, pokuša da ga urazumi, pre-

kori, – zar ste mi uzalud sve to govorili, gde su sada pče-
linja saća, gde Sunce i Mesec, gde Srbi narod starostav-
ni, gde Marička bitka, kosovsko zaveštanje i srpsko Ne
pristajanju na poraze, ali je njega pomama hvatala sve vi-
še, razum mu mutila, reči sve skarednije su mu napuštale
usta, a unutra je ostajao sve čistiji -"šta ti meni govoriš, ti
da si nevina, zar nisi i sama u sebi već pomamu osetila, a
sada se pretvaraš da te je to uvredilo. Drugom ti pričaj
bajke... I još mnoge gadosti neprilične starcu njegovog
doba.

*5. sept, 832. sretni se već napili, a ja se tek budim. Že-
na e kriva*

Vide ona da joj nikakve odbrane od njega nema, „u
suzama ćeš požnjeti plod bezakonja svojeg", ciknu ona,
pa ga zacilja nogom u mošnice, caknu ga i složi uz dveri,
onemoćalog. Sad što ćeš, ponosito ga ona upita. Kamo
sretje, vajkaše se, da sam odma' ovo uradila, ne bih ovu
sramotu grešnu doživela! Ali pomislih, ako je to jednom
uradio, pokliznuo se, pokliznuh se i ja, premda ne od vo-
lje; po drugi put, 'ajde i to, jer mu se prvi put svidelo, a
imalo je i šta; ali sedam puta sedam smrtnih grohova za
jednu noć! E, to brate, beše previše i za moje čedno vo-
spitanje!

*utorka, 11-ti mart 824,. oko 3 po podne, prestavise Jo-
za u večnost.*

Kad ti onaj starac, kao neuništivi Zagrej, zli duh, na-
vali na nju opet. Ali Lusilija bi sad oboružana bodežom.
„Ne, ciknu ona, ne približavaj mi se. Načiniš li jošte je-
dan korak, biću prinuđena, da čast svoju braneći, isti ti
ovaj bodež u srce svoje zarijem. Znadem ja svoju čast
čuvati.. Dobro, ako si prvi korak neoprezno načinio, dru-
gi nećeš. Ne smeš.. dobro, ah i taj. Dobro, ah, tako je do-
bro... kao bodež u srcu... i tako lepo! kao zeugma i sine-
gdoha" – izrazi se ona učeno, poučena od istog tog starca
kome se smilova.

U početku je ona njega zamrzela kako svaka poštena i
čestita devojka nasilnika treba mrziti, ali kad je on u nje-
nom naručju udovoljstvo tako slatko čuvstvovao kao ne-
ku nebesku dražest, tako da se prepodobi kao dete i jedva
je govoriti mogao, nego samo mucaše, sažali se ona na
njeg, pogotovu kad je nedugo zatim on poklonima obasu,
kineskom svilom, turskim purpurom i indijskim biseri-

ma, ona mu odoleti nije mogla. Jer tad je obli milosrdije, beskrajno neko veselje koje dotle spoznati nije mogla, ona popusti, darova se od drage volje.

Nije on bio u duši loš čovek, već je njega zli demon obuzeo, demon plotne strasti, svi su ljudi u srcu dobri, samo ih strast nagoni na greh; ali ako je vojvodu bilo kasno popraviti, privesti ga moralnom rasuđivanju, samopoštovanju, Lusilija se na starca sažalila, shvativši pod kojom je on zlom magijom, ako joj je telo bilo razvraćeno, duša joj je još uvek bila čedna i ona ga lepo uz sebe privi, pomilova mu sedu kosu i primi njegovu glavu na svoje grudi kojima tek što zmija i silovatelj oni minuše, a jednako je kao neiscrpivi koji bunar, milosti bila puna. Ona ga uze savetovati: sladost ovoga sveta treba upotrebiti za prosveščenije razuma, blato nevaljastva čuvstvo raspaljujući naslade srca u jarost strasti um zavodi, čoveka razumna preobraža u jarca. Voliš vetrogonja, svinjče biti i u blatu se valjati, pre nego čestiti čovek? Razmisli.

I zaista starac polako dođe sebi, razvedri se i reče hajde da se igramo, večeru da pripremimo: ja znam valjuške da pravim, a ti uzmi brašno, pa razvi ga da bude testo, belo i meko i moje valjuške u njega uvi. Nije slutilo dete prevaru, ali već je bilo kasno i ona se prepusti zamci u koju je upala. Bi isto kao i sa vojvodom, samo on beše mlađi od ovoga bludnika, koji je bio iskusniji u prevari, ali šta je tu je. Načiniše oni valjuške, bilo bi i za vojvodu da je ostao kojim slučajem u životu, da se posluži krišom, ali uzalud je ona krajičkom oka iščekivala njegov povratak, njemu beše presuđeno za svagda. I nie mi žao.

16, avg 828 god, sada pet je po podne. Rodi se Savo Gruič

Nije bio posle sramnog čina surov, beše se razvedrio i pričao joj je mnoge zgode i moralne pouke: silnom je lako da bude velikodušan! Ne plači, tešio je, kao da je ona od svoje volje plakala – kao da joj iz samog srca suze navirahu. Evo tebi, reče, smejući se, dukat zlatni – i stavi joj na pupak zlatni seferin – ona ga podnimi očarodejstvovana – dukat zlatni, veli ovaj, svaku rupu zapuši, pa će i ovu. A to što dobih veće je od svog carstva zemaljskog. Bio sam malodušan, sad sam car Dušan.

Starac joj je sve govorio na grčkom, ona njemu smerno na srpskom odgovarala. Ona se jezika svog odreći nije htela, govorila je u zanosu reči svog jezika i tako spase čednost svoje duše, ako već telo nije mogla spasiti. Hvala Bogu, te svaki čovek ima otadžbinu, da se u času malodušja njoj u naruče baci, u njoj uvek ima više onih koji traže, no onih koji daju, te su milosti putovi prema Bogu vazda otvoreni

829-te 5-tog septemvrija venča se Trivun Majstorovič sa nevestom odnekud iz Banata ot Temišvara, lepom Rumunkom Tacijanom Doru. Neka mu je sa srećom

Dok se tako Lusilija odmarala u svom belom krevetu, u kolibi na obali jesera, u vrtu se čuše glasovi, zbog čega se ona prepade. Jer beše ponoć odavno prošla, nedugo zatim neko joj pokuca na prozor i ona otvori i nemogaše se čudom načuditi kad ugleda smernog sredovečnog gospodina muževnog izgleda u pratnji jednog mladića kojeg ovaj držaše za ruku. Mladić je bio lika prijatnog, stasom lep, kakvog ona u životu jošte ne beše videla. On joj se ljubazno nakloni i nasmeši pokrivajući dugim trepavicama svoje rumene obraze i sklopi smorno velike i duboke oči kad Lusiliji spade brazletna sa ramena i obnaži je, i sve do ruba pazuha otkri grudi, koje Lusilija zgrabi obema šakama, stežući prstima svoju providnu košulju, spretno ih pridrža, podnimivši ih odozdo da joj grudi vršcima ne otkriju, da je ne izdaju koliko je uzbuđena njegovom lepotom bila, likom lepim i srcem neporočnim.

Hodim pogodi znak est: kogda kokoši kljunom i nogami perja svoja neprestano rasčesivajut.

Filip Filozzof, prestavi se onaj, Professsor prava i teologije, a ovo je moj vrli prijatelj Altaj Arhitekton.

Upitaše je da li je ona Lusilija i pošto ona potvrdi, Lusilija na usluzi, reče, pokleknuvši ljupko i otmeno. Zamoliše je da kod nje prenoće, jer žele da joj povere jednu veliku tajnu, ali da nikakav razgovor sa njom ne mogu voditi pre jutra. Reč je o tako dubokoj tajni za koja bi oni pre u mraku da ostane kada se izgovori pre nego sunce obasja njihova usta. Lusilija na to uzvrati da ona zbog dobrog glasa koji uživa nikako njih, strane muškarce ne bi mogla na konak primiti, a nije ih rada ni na polju ostaviti, već im predlaže stoga da odu Vodeničaru sa kojim je ona u dobrom prijateljstvu i kod kojeg svoje žito melje, koji tu nedaleko svoju vodenicu ima, pa će ih on ugostiti i udomiti.

Oni na to pristadoše i ne bez vajkanja odoše naznačenim putem. Nemalo zatim spremi se i Lusilija te krenu tajno za njima, hoćeti se uveriti ko su i kakve tajne oni imaju sa njom deliti. Vide da oni kod vodeničara obeduju, pa sačeka da se popnu na sprat u svoje sobe i čim ugleda da se plamen sveće užeže u jednoj sobi, ona se uspuza uz jaku vrežu bršljana koji je staru vodenicu obavijao od temelja do krova i ugleda prizor od kojeg joj prože jeza i srsi čitavim telom: tek što su sveće užgali i uzeli u ruke lire, jer se čula muzika, muž onaj sedeo je u stolici pored vatre, a u njegovom krilu lepi onaj mladić koji ga nešto upita, a kad mu sadrug smešeći se pruži odgovor, lice onog prvog sunu rumenilom i duge trepavice pokriše rumene jagodice njegove, pa se mladić privi uz svog prijatelja i ljubljaše ga nežno i zahvalno za tu čarobnu pouku, ali ne u obraz ili čelo kao prijatelj prijatelja, već u usta, nimalo prijateljski, već sav u ljubavnom zanosu, oči sklopivši od uživanja. Nemalo se iznenadi Lusilija kad mladić u besomučju strasti skide kapu od crvenog somota, dršćućim rukama rasplete kose, i duga, zlatna svila se rasu niz pleća, prosu na obnažena ramena, na grudi. Otkopča jelek i Lusiliji beše jasno da je čestiti mladić ustvari devojka, koja već snimi i svoju košulju i prepusti se ljubavniku koji utom iz neke torbe izvadi omanju škrinju i u njoj Lusilija prepozna tajni Kovčeg ljubavnih čarolija koji sadrži Sedam jarosnih napitaka erosa, sedam vrhunaca uživanja:

Prvi od sedefastog stakla, žar Prijateljstva iskrenog, drugi od zelenog žada, napitak Prijatnosti, treći u srebrnastoj činiji, od čini napitak Propadanja, četvrti, eliksir žuto obojene posude telesne Požude, peti, bestidnog Podavanja, šesti u prozirnoj bočici, ljubavne Patnje i sedmi, u zlatnoj jabučici, ljubavnog Podvižništva esenciju, i mladić-devica, ne dvomeći se ispi jedan po jedan napitak crveneći sve više u licu i Lusilija shvati da je gvožđe vruće i da kovati ga treba, ali se muž oni ne žuraše, već svoju ljubljenu umilnim razgovorima zasmevaše i šalama u njenom srcu usadi spokojstvo – kakav blag to beše razum, kakvo bogata duša, vesele naravi i druželjubiv. Šalio se sa njom sve dok njoj više ne bi do smeha, već se odrveni i nekako obamrla i staklastih očiju ustrašeno uozbilji i on sa njom. Gledahu jedno drugo netremice u oči, kao da su neku tajnu tamo otkrili, samo njima znanu. Nato mu devojka, raširivši ruke pokaza u jednoj šaci jantar u drugoj jaspis, ali on prođe među tim dvema opnonama ne dotakavši ih i krenu prema vratima njenog božanskog vrta, ali zastade, našta ona ciknu: „Zar sa mnom kao sa kurvom! Na kraju krajeva, pa šta je tu loše", i koliko god je on ispravljaše prema čednosti, to ga ona sve više kvaraše, jezikom mu palacajući po ušima, našta ovaj nastavi prema vratnicama njenog tajnog vrta, lomeći sve urese i adiđare, kandelabre i koprene, dok je ona, ruke podigavši uvis, ne da se brani, već kosu svoju da uzdigne i vrat ogoli, telo izvila i slabine uvukla, ali se u tom času i grudi njene malene obnažiše i isturiše naviše tako da je Lusilija pomislila – teško meni, onesvestiću se!

3. mart. 825, 3 e sati popodne. Juče se prestavi Nikola Naumov

Ništa više nije mogla videti, jer se okno od njenog daha zamagli, a rukama se nije mogla pomoći, a da sa bršljana ne otpadne, no ona se doseti i jezikom skinu izmaglicu i kroz taj proliz okca ona ugleda sve ono dalje što se u miloštama zbivalo, što ljubavnik devici darovati može: njih dvoje nije bilo na onoj stolici, ni na krevetu kamo Lusilijin žudni pogled skrenu, već oboje behu ljubavnim napicima u neku višu sferu podignuti, koja je oblik gnezda imala, od paperja belog načinjena. To vaistinu i beše gnezdo i oni ogoljeni u njega upadoše na ležaj pun ptica nekakovih koje ustrašene kriknuće, prhnuše ispod njini goli telesa, grebući ih kljunima i kandžama do krvi, prašteći krilima pod njima i nad njima; no oni se ne obziraše: bez stida što u tuđe gnezdo tela svoja smestiše, ognja paklenog ne plašeći se, večnih muka zbog pohare 7 P napitaka, devojka se prepuštala razbludnosti, a i muž ovaj ne beše po prilici neki katiheta, već pre Poeta ljubavni koji bi spreman da duše besmertije založi za malo strasti besramija, puti zanosa stidnih, iskusi zauzvrat sve one ljuvene milošte koje mu nuđaše devojka koja blagodatno otvori nedra svoja i krilo, te muž taj ovi svoje ruke nesmetano oko struka one nežne nimfe. Podnimivši je odozdole rukama, ljubavnik onoj čudesnoj obli svoju ljubljenu svim onim čarima koje ljubavna radost pruža.

Kipela je radošću u njemu krv, okupa se u toplim suzama, prošeta se njenim vrtom i posle pomne istrage kriknu u molitvi, u času kad se ljubazno sasu u njeno usko staklence, prosu se napunivši joj sasud maleni, e svrškom – Bog da prosti!

No tu ne beše kraj igri, kola ovog od dva bića oba pola, i, jer devojka sve više uzimaše kao da je na lihvu davala, lepe i pametne razgovore nastavi sa njim voditi što je za mlade korisno, krasimoe ovo detence se privi mužu onom i usrdno mu kao u molitvi nemo zahvaljivaše, obujmivši ga i rukami i nogami, ne želeći se od njega odvojiti, niti odustati od milosti svoje, da Lusilija, koju zavist obli, nikad do tada nije videla priležnost ljubeznice sa više milja i dragosti. I muž oni ljubljeni, tronut radošću zagrli svoju predivnu suprugu i zanemi neko vreme..... Lusilija nije mogla sebi doći, dražest njoj vidljiva kad je spolja smotrela, učini se njoj lepšom nego kad je iznutra sama čuvstvovala. Prijalo je i devojci onoj, prijatno joj je kao da je posle otvaranja utrobe neku knjigu starostavnu u sebi otvarala, i neke umne reči slušati započela i na njih umno uzvraćala te tako nadahnuta udari prstima u liru i zapeva:

Pojte nebeske ptičice
poj svoj umilni
ne gledajte moju tugu
za koju niste vi krive
Slavite tvorca objavu...

Nastavak Lusilija nije dočekala jer joj se oznojene ruke opustiše i ona se sniza niz bršljan rutavi i dobrano odra svoju kožu, osobito trbuh, i žilište među preponama, od 7 P ljubavnih eliksira nabreklo, potrča tako u raskorak po kiši koja poče da pljušti, i klizajući i po blatu puzeći, nekako se svog doma dočepa i onako blatnjava prući se po postelji, ridajući u nekoj radosti iznenadnoj.

827 11 junija rodi se Marko Nestorovič u pol četvrtog časa po ponoći. Jesu li se to meni listovi pomešali, oli se vreme pretumbava, šta li?

tek svanu. Granu sunce i milinom svet obasja. Leži tako Lusilija posle notji besane na obali jezera u ljuljašci ot vetvi šimširovih i na brokatnim prostirkama. Jutro je do podnevnog svog preminuća već svetlom sav svet božji okupalo, kiševni oni oblaci kao san ružan nestadoše, posvuda poj ptica i zuj čela opojni ublaživahu patnju srca njenog i Zefir joj suze otiraše.

Jutro svanu i sunce se pojavi, obasja vrt u kojem svakojakog rastinja bi: tu su bile glicinije, mandragore koje niču iz semena koje iz uda obešenog štrca u predsmrtnom agonu koji je ljubve naslada najviša. Zatim paprike, paradajz, stabljike kukuruza svilom optočenog klasja. Jer Lusilija protivno katoličkom običaju koji u naše vrtove ugurava čemprese i tuje, neplodne, orahe je, višnje i jabuke u svom vrtu gajila, krome toga i povrće, osim spomenutog još i plavi kupus, patlidžan plavi i luk beli i sve ono što je osim ukusa i vkus njen pokazivalo, pravoslavni odgoj koji joj je prečio duvan uzgajati koji nam je takođe sa katoličanstvom unet kao i što u opijum i hašiš sa islamom kod nas su usađeni. Ona je sve te jeresi iz vrta svog očistila i počupala, ponašala se i ugledala na nama prijateljske Eskime koji su po uređenju vrtova bliži Srbima i koji svoje igloe od svake sablazni drže čiste, a ne bi bilo loše i njih u pravoslavlje prevesti i mislim da bi trebalo poslati pozdravo tom bratolcom i siro tom a poštenom narodu u nadi da će pravoslavlje lako uhvatiti kod njih korena i da ćemo moći da se ujedinimo u jednu državu što bi i geopolitičeski bilo polezno, jer ko drži Eskime, drži severni pol, ko drži pingvine drži južni, a to su usne i stidnice sveta, božanska osa sveta prolazi kroz oba pola i ko nju u ruci drži, spaja nebo i zemlju. To su polovi božanski koji su ime svoje darivali ovim zemaljskim, jer po belini su im svojoj podobni i k tomu još po svojoj nedirnutoj čednosti, studenoj stidnosti i snežnoj smernosti, smrznućem stisnuti do te mere, da ih tek osa vaseljene može, probivši se kroz oba, na milost privesti i otopiti, vrteći se u njima strasno.

No Lusilija se nije time paštila, da bude sekretar društva Srpsko-eskimskog prijateljstva, nije joj padalo na pamet, shvatila je ona da je politika polna filosofija, a da se geopolitikom bave sve kurveštije sveta, već se suncu i toplini predavala, promrzla od ponoćne one avanture.

Umalo da se odmor kobno završi. Tek što je prilegla i udove svoje lenjo opružila, eto ti njoj čete konjanika svi u skerletno ruho odeveni, u oklope teške okovani, kao da nevinost svoju od nekog čuvahu. Pa upravo knjojzi. Zadive se oni ženskom čeljadetu koje pred njima obnaženo i nebranjeno ležaše, ali jedan od njih, starešina, predstavi sebe kao grofa Andraša ot Vilmoš – Vašarhelji, a svoju četu kao deo regimente

Kiškunfeleđkečkemetpičafišthalašpirošhaze, učtivo se pokloni (jer Madžari su uvek fini i pristojni, nasuprot Srbima koji su prosti) i zapita za put prema Elisiumu. „Ovo je upravo ono što tražite", milo se osmehnu Lusilija, učtivo pokrivši krajičkom košulje bedro razgolićeno, da ne bi sablazan izazvala. „Nema drugog Elisiuma osim Lusilije."

„A poznajete li vi dični muževi" – upita ona smerno bojine – „Pavela Aleksandroviča ot Kovin, potpolkovnika u Varadinskoj regimenti?"

„O, kako ne bismo poznavali dičnog muža! A koji je on vami, srodnik kakovi možebiti?"

„Daleko ga bilo", vozvrati ona sa užasnutim licem – „on je moj prvi ljubavnik, mladić koji otkide cvet mog devičestva, okusi ga i njim se nasladi, ostavivši mene u suzama radosnicama i krvi razdevičenja okupanu."

Nato se ona grohotom nasmeja, oči razrogači tako da se oni zabezeknuše, a kako tek neprijatno čuvstvo im se zbi kad njoj kosa se na njine oči razredi i zubi počeše otpadati.

Ustuknu oni prema vratima vrta, strmeknu niz stepenice kamene misleći jedino o tom hoće li život spasiti, od nemani, a ona se okrene meni nevinim smeškom i ljubazno mi namignu:

„Eda ih namagarčismo, baš se slatko ismejah!"

3 sept 827, 5 sata je po podne, rodi se dete Kata, Jakovu i Mariji Panič

Greje tako Lusilija svoje tabane uvis ih podigavši ka suncu, kad uto eto njoj naspram sa brega jedne visoke kaluđeritse, dragoceno na njoj ruho, sva u dugoj prekrasnoj ljubičastoj odori, kaftanom od zelene kadife ogrnuta, lica od pošasti sunca žarnog belim i mekim velom zaklonjena, koji joj sa kamilavke padaše, samo joj se vrh nosa i usne isticahu pod njim i tamna dubina oka se naziraše. Usta Lusilija pojavom onom ustrašena i očarana preko mere i kleknu:

O! mati moja presvetla! Našta žena ona prelepa lika i stasa prikladna, pred licem njenim svoje haljine raskrili i o čuda! rublje njeno od najdivnijih niti svile beše satkano, i to ne rukom tkalja i na razboju drvenom, no same bube svilene kao da su u svom ophodu tim prekrasnim telom hodile i rublje joj po obliku njenom činima činile, u niti bedro njeno uvijale, tek gde-gde bi zapanjene krasotama tela i krila njena, niti svoje u stranu skliznule, zbunile se drugamo i ovde-onde, gde bi zinule od čuda, poveća bi okca ostavljale i kroz jedno od tih se pol žene one naziraše. Onde gde je biserna školjka pola sinula, i paučina svilena ustuknuti je morala.

„Mati i esam tvoa, ti utrobna si moja kšćer!" – jezik njen beše starostavan – „Ljubimoe dete moe, Lusilijo! Kšćeri moa, nek je blagosloveno jutro u kom te moje oči indi ponovo ugledaše" – i ona snimi koprenu belu i svoj lik strasni prikaza joj, „nek je blagosloven dan, koji na moja si vrata ugledala, eto ova!" I raskrili rublje svoje, niti one u stranu podnimivši i Lusilija ugleda pol njen na koji je ona kao na vrata u svet izašla i povika ne malo iznenađena: pol te žene beše ogroman i jarostan. Sav po srazmerama ženski, no ogromna to vrata behu:

„O, koliki je tvoj pol, nesrazmeran sa mojim. Carska je to trpeza u poredbi sa mojim malecnim posluževnikom sa kojeg jedva da neki isposnik naforu može uzeti, pričešće okusiti, jadne mene!".

Jer usne pola te žene, matere njene, behu takve da orah neko među nji stavi, skrckale bi ga kao od šale, a Lusilijine jedva da bi puža mogla pridaviti ako bi joj se u snu prikrao i meždu njih glavu uvukao.

„Carsko je ovo pismo sa pismenima ljubavnim mnogim na pergamentu živom ispisano. Svaki zarez na njemu bogata je riznica sećanja"- otveti mati njena, jer to zaista beše njena mati, dvostruka: mati igumanija devičkog manastira i mati tela i duše njene koje ljubav u utrobu primivši posle bogom zadanog roka iz temnice telesne na svet porodi. „Trpeza je to čudesna na kojoj se mnogi mužici ogledahu, gladne nahraniti i žedne napojiti e mogla, što više sa nje jedoše, to je ona punija i jedrija bivala. Sve je samo rad, volja, krepost čuvstva; samo vežba i uporne molitve, trpljenje i tvoja trpeza će jednom moju nadrasti, Lusilijo dete moje drago. Dotji će i tebi prinčeva mnogo i kopljem ljubavi te probadati, a ti ćeš sve živahnija i bodrija biti. Svaka sila je prokleta, a ljubavna je blagoslovena."

Prinimi Lusilija usne da pol taj celiva veličanstveni, na koji je svetlo ugledala, ne samo ona već i mnogi drugi, ona izlazeći, drugi ulazeći.

„Neka je slavljen vrt taj, jedina bodra na njega izađoh, dok drugi pred njim pokleknuše i smrt svoju ljubavnu tamo najdoše!"

„Lepša je smrt ljubavna, no život nebeski" – uzvrati mati poukom -"Stoga se ja na čednost zavetovah da pokoru izvršim, tolike smrti slatke darivajuć muževima nedostojnim. Ali nisi ti jedina moja kšći, krome tebe još jednu imam, moram ti priznati, sestru tvoju Melissu zlatokosu."

„Melissa je moja sestra! O jadne mene, to znači da sam ja svu noč stidnu ljubav sestre svoje rođene i voljene krišom smotrela! (jer ona kroz prozor je čula kako muž onaj u miloštama zanet devojku onu Melissom naziva), ja sam ljubav svoje sestre zlorevnosnim okom mojim oskrnavila, najvišu tajnu prozrela!"

„Melissa moja kšći e ovde? Gde e, reci!"

„U vodenici sa ljubavnikom svojim u ranama ljubavnim onemoćala! Od jarosnog mača njegovog, melemom se sna okrepljuje".

„O taj bludnik! Uškopiću vojvodu Bučana, tog junca što junoše svoje kšćeri zajahuje!".

„To je vojvoda Bučan! Taj koji se Filosssofom prikazuje? On moj otac? „Ta rodoskrvna zver!" (Šekspir) O nebesna radosti tajne razrešene sjaja! To li je on uvrebao čas moje slabosti da kšći svoju u ružičaste usne poljubi! On je u tajnoj noći na pergamentu zaveta moga pečat svoj sramni utisnuo, (Ibn Hazim), reči bluda ispisati dao krvlju mojom devičanskom! Zar nije ubijen, zar nije glavom svoju krivicu platio? Gde je sad taj koji se osvetom hvalio?"

„Spasao se čudom. Ali sad će krvavo platiti ranom škopca svoj pohod bludni."

I igumanija zadiže suknje svoje, zgrabi metlu pored Lusilijina ležaja prislonjenu, zajaši na nju, jer veštica beše, i sad Lusiliji postade jasno otkud taj nesrazmer njena i materina pola – ovaj od jahanja beše nabrekao i ojačao i oduraveo, dve vrste jahanja, od onog kad su nju ja-

hali i druge, kad je ona na metli velike razdaljine prelazi-
la bez odmora i stanke.

Srećna beše Lusilija da su je i otac i mati ljubili, neki
joj novi razum darivali od kojeg ona procveta, od ljubavi
i razum jača, razum koji ravnodušnost poriče i ljubav ola
vi, povećanu čadoljubivim nastojanjima roditelja da
estastveni svoj cvet u plod pretvori. Jesu možda i sami
bili grešni, ali nije li Onaj na krstu se raspevši, smrt nevi-
nosti svoje kao dar milionima života prineo na žrtvu? Te-
ško sinovima i kšćerima onim koji ljubav oca i matere
svoje ne poznaju, mnoge devojke u mladosti svojoj tu
ljubav ne osete i mnogo zatim mogu da žale, takovima se
srce gorčinom za vazda ispuni, i prebrzo venu, pokvare
se i isuše.

Lusilija abie ostade sama i rastužise: mati koju je prvi
put videla, već je napusti, otac beše tragično stradao, tek
i on što kšćer svoju ljubljenu beše poznao, jednu ranije,
za šta je životom platio, po drugi put isto, ali to se još ne
zbi, ali što je upisano dogodiće se: Melissa, sestrica nje-
na možda upravo sada gleda polno postriženje koje Mati-
Veštica-Kaluđerica čini nad njonim ocem i ljubavnikom,
a možda i bratom, jer mati ne reče da je to bio Bučan
Otac, možda je to bio vojvoda Bučan mlađi, jer i on je
bio vojvoda, osem ako otac nije neku drugu glavu sebi
na pleća nasadio, pošto mu se ona prva izvan pripovesti
otkotrljala, zar ne reče mati da se on čudom spasao. Pa
možda je imao dve glave kao i svako čudovište? Te mu
osvetnik jednu odsekao, a drugu nije video? Da nije tako,
zar Lusilija ne bi prepoznala oči koje su je u činu razde-
vičenja tako pohotno gledale, ni usne koje su je žudno
ljubile, one iste koje se sada u grču krive, dok krv iz rane
pola odrezanog po trbuhu njene sestrice štrca? Ali kasno
je već, ono što nijedna od njih znala nije, jedino Blago-
vesti jesu – Melissa je već zanela, zanela je i Lusilija i
Veštica-Mati-Igumanija je nemoćna protiv Sudbe, ne
znajući greškom zanela je i ona, što će se kasnije u pri-
povesti objasniti, i ovoga puta se Vojvoda Bučan spasio,
čudom utekavši među noge svojijeh kšćeri, i njine mate-
re, jedne nevine, druge ljubavnice pretvorene u momči-
ća, treće višestruko razvraćene pa umonašene u pokaja-
nju; i tamo u utrobami njihovim, na telo svoje malecko,
novu glavu nasadio, udvojenu, utrojenu.

Estastvena je to magija kojoj niko odoleti ne može, em glavu spasava, em je prijatna. Imala je ona u sebi tog čuvstva epifanijskog, bar koliko ga i leptir svaki ima.

I zato Lusilija ugodno se proteže, podigne tabane svoje ljupko i prkosno naprem suncu i nestašno se nasmeši – evo tebi ovo, koji se boriš zalud protiv ženske lukavosti.

Ali netom noge svoje sklopi, postide se širine i dubine neba naspram kojem je svoj pol uski i malecni nebu naspram protivstavila, postide se smerna jer i ona kao i njen vrt behu u pravoslavlju slatkom odgojeni.

826. *7. oktabrija prestavi se Anđa Ristić, žena Evremova, udavi se korom od slanine, jedva je dušu ispustila*

Sretna sad Lusilija imadaše komu na utehu i u manastir devičji ići, jer premda se mati njena Olimpiodora u veštice beše odmetnula, otac njen obezuđeni uze njezine aljine – rizu evnuha na sebe primi i na ono mesto dođe i u njeno se ime uvuče, Olimpiodorom se nazivajući, jer mu ne beše prikladno da sebe Olimpiodorem naziva, već uze ime one koja ga u ženu postriže i bluda ga oslobodi. Svoj život bludni okajavši, jer blud razum uzima i od čestita čini hulju; slavio je otečestvo svoje, ljubeznog i slavnog naroda srbskog ime, čiste i nelicemerne ljubavi pun, beščastija i sablazni svake oslobođen, milovaše decu i darivaše ih poljskim cvećem, ševe mu nad glavom poju, pokašto se vinom pričesti, jer vino pametne krepi i isceljuje, a budalinama je otrov ubitačni. Očuščivši svo ščastije pola otrezanija: Juče vesel, danas blažen, juče ženu do kože golu skidajući, danas joj smerno ruku i prste celiva. Pred nevinom dečicom sablazni kojekakve činiti, kakva je to sreća? Tišinu duhovnu, mir u domu, poštovanje i ljubaznost, čadoljublje i rodoljublje, to je ono što škopcu donosi na dar proviđenje jedine prave vere pravoslavne.

Bude ona tako, jednom hodeći ocu-škopcu u posetu, u molitvu zaneta, kad na nju klečeću nasati se neki monah-iskušenik tudij katihičeskij nauk učeci, u novodevičji manastir je dolazio potrepštine neke donositi, po fisiognomiju svojem sam cvet nežnosti, ali po onom što učini pre će biti da je blagodejatelno učiti kobile jahati došao i to naopako, ispod trbuha njina, ispod haljina, pričahu posle neki Arbanas iz Erioskampa, ćosav a takovi su najopakiji, stade na Lusiliju koja je u molitvu smerno utonula, nasedati da je uzme, a Lusilija u molitvi presečena, pomisli e je neka od njenih sestrica iznenadnom neodoljivom požudom obuzeta, stala najahivati, pa upita: „Zar tako rano?“, jer beše tako uredila da se ne pričešćuje pre službe božje, nego je prve časove dana bogu posvećivala, ali svejedno, ne želeći nikad ljubav da odbije, stade se nameštati. Ubrzo shvati da je kakvoća ove ljubavi od druge, opakije vrste. No već beše kasno, već je đavola primila u sebe, te onaj po prirodi snažnog nagona, u uvodu preli svoj prvi nalet pomame i dragosti i već se pripremi, oran da nastavi do besvesti, svoje ili Lusilijine. Mogla je u mukama stradati kao sveta Varvara, ali se ona trže, zgrabi iz kraja bič kojim kaluđeritse žud svoju tomljahu, te ga ošinu preko lica vrisnuvši: „sad znaš kako je ženi kad je nasilu obležu.“. Znam i ja čast svoje čuvati.“ „Koja čast“ krikne onaj u sred doma božijeg krvlju obliven „Ta ti si i spreda i otpozadi tako bušena (da prostite tako je naruži) i brušena da si providna postala i kroz tebe se može gledati, a za vedrih noći, ako se čoveku posreći i Jupiter i Mars ugledati“. No ona ga još jednom bičem ošinu i to po ustima, te zanavek zabrtvi bezobraštine.

No isti se ne dade zbuniti, no je na zemlju potrbuške obori, natera je da klekne kao kad se molila, tu je poziciju on najvećma ljubio, zadigne joj haljine ostrag i na glavu navuče, tako da se osećala kao riba u košari: mogla se praćakati po volji ali jedini izlaz, onaj ostrag, silnik je badnjakom zatvorio i njim džarati stade požar raspirujoći, dovodeći je osetljivu, do bezumlja, otpoče je besramno otpozadi uzimati. Užasnuta Lusilija se nije mogla braniti, nije imala kud, no je sve vreme tog bogohulnog zajahivanja, propela glavu uvis; uspila slabine, uvukla pupak i stisnutim *usnicama duvala kao da piri u vruć krompir, samo široke zenice i sve uža stidnica znak su da pravi, nebeski let tek započinje i da nežnim prisenkom Erosa uvijena, tek izvajana staklena posuda, kondir ushita i svetog zanosa, umesto da se u orgazmiju skrši kao kod neuke, počinje da lebdi i vrhuni se slikom predivnih priviđenja nebeske nirvane, zemaljskog trusa, deset dana nežnosti koji su potresli svet, pukotine u sferi Vrta uživanja i svetog Trojstva: Bola, Radosti i Praštanja. (čega će se se-*

titi kad bude trebala stvarno nebu poleteti, a ovo je samo *aria da capo,* muzički prisenak pripovedanja).

Danas ima rođendan Karolina Augusta kći blaženopočivšego Maksimilijana kralja Bavarskog, ordena zvezdastog krsta Verhovna Pokroviteljica, rođ 8 feb 1792 god stupila u brak c Nj. V. Carem 29 oktobra 1816. Četvrta supruga careva.

I kako je vreme sve više odmicalo, tek kada joj je kožica počela pucati, uhvaćena u zamku onu miline i nebeske slabosti koje žene na vrhuncu ljubavnih muka spopadaju, ona razumede da je krompir ona sama, da joj od pirenja nema vajde, jer ostrag onaj silnik i bezumnik neprestance usijanim žaračem požar sve više razbuktava u samom ognjištu, oseti da propada i prepade se da će umreti, al samo još više se uspi, stisnu usne i donje i gornje i oglasi se brizganjem iz svih otvora svilenim slinama pohote i na mestu gde vatra beše najžešća još i stisnu se, strese, uzdrma nasilnika takvom jezom i drhtajem, da se i on proli svim semenom, kriknu, jeknu i složi se ustranu. Konačno je bio savladan.

Ej, Kastriote, baš si ludak, nema ti ravna! – nasmeja se Lusilija. Ona ga je nazvala po imenu, znala ga je od pre, znale su ga i mnoge druge kaluđerice, čak su znale i vreme kad će doći da robu svoju manastiru proda i očas bi krstionica bila dupke puna iskušenica žednih osvete za sve one nedolične ispovesti i praštanja grehova koje im je nemilice činio taj isti Kastriot.

Ove godine carstvuje Jupiter.

Krenu Lusilija u svoj Elisium, u mir i ugodnosti tišine Estastva, ali usput u jednom selu piani neki seljani seli na odžak i piju, a pred kućom domaćin pijan ko zemlja jedva se na nogama drži, žena ga preklinje porad dečice da blago ne rasipa i od sebe budalu pravi, kad li ovi uze ženu za kose pa tras! š njom o zemlju. Vrisnu dečica, a Lusilija priđe i otpoče mu pridikovati.

„Vrli čoveče, oče, mužu i domaćine! U prirodi čoveka je da je čovek božja istina i kako god što mi bez boga ne možemo, tako ni on bez svog lika na zemlji jadan je i mučan. Stoga, ako shvatimo da se jedna vešč na drugu odnosi po srazmeri geometričeskoj, i kako na nebu jedan oblak drugi sustiže i veći biva, tako i dva tela sjedinjena na zemlji jedna su duša, tako i u svetu moralnomu, jedno

78

čeljade drugo mora podržavati i voleti. Tako mi od ovog telesnog gliba, bluda i sogrešenija u soveršenstvo dolazimo i put nama k večnomu blaženstvu otvaramo".

Stade, ogleda se okolo, pa sa ženama:

„A vi, što trpite? Što se ne pobunite, tražite svoja prava?"

„Ali oni nas vole!" – graknuše ove u glas.

Onaj je zgranut i očiju mutnih gledaše, zinuo, niz bradu mu bale cure, ne razume ni slova pijan ko tresak, i tek snimi sa sebe haljine od pojasa na niže i ud svoj na nju upravi:

„A što ti krasotice s nami ne bi koju noć provela? Da ti odžak malo prodžaramo. Da vatra može lagano uz odžak i niz odžak kliziti. Da se osladimo i mi, a i ti naživaš?".

Nato Lusilija smerno odgovori:

„Ne pristoji se i nije estastveno sa množinom se muškinja kurvati. Kao ni mnogo jela odjednom mešati, ni piće, jer od toga je samo glavi težina, trbuhu nadimanje, a duši propast. Sa ednim, libo dva muškarca noć provesti u ugodnom razgovoru, najviše sa tri u praznicima i posebnim veseljima, sa malo vina i uz liru ili harfe zvuke umilne ljubav voditi, to da. A i vi muški sa jednom libo krasotice dve večer provesti trebate i u ljubavi blagodetnoj uživati, musici harmonije, umesto u groktanju strasti kao kakove zveri!"

I ponosito okrenu im leđa, na šta oni se pomame, jer za to jutro Lusilija beše otmeno odevena u dugu crnu haljinu do grla zakopčanu i zlatnim porubom na vratu opšivenoj; sva čednost, ali kad im leđa okrenu, a ona kao od majke rođena! razrez na otmenoj odeždi otkrivaše sve niz njojzina leđa, predivna koja se meko ugibahu u slavi ženske puti, od one dražesti, od potiljka pod kosom naviše podignutom i u punđu svezanom pa niz kičmu kojom srsi ljubavni se naviše penju i naniže slaze, sve do onih čulnih razdvoja ženskih oblina u koja ljubavnik rado poljubac svoj meće, razboja ljubavi koji svilnu pređu tkaju, pre nego ih obljubi. Što je spreda skriveno bilo, dalo se iz ovih dražesti naslutiti. Što sve ove silnike i bludnike ukipi, moć govora im uze i oni umesto da sa njom krenu, samo tako zadrvenjeni i u muku zamukoše, ostavši blenuti u kukove njene i sedalo koje se po ritmu muzike čulne otisnu k jeseru kao korablja kakva koja se prema Ostrvu Blaženih sprema zaploviti, pramac svoj bistroj vodi jesera privodi, namerna rodu i otečestvu na diku nove kontinente i čudesna otočja otkrivati. *Mart: sunce dolazi u znak Ovna 9-tog i prvi put se izjednačuju dan i noć. Ovaj dan počinje proleće i celo se estastvo obnavlja. Ovoga meseca bivaju babini pozijaci.*

U tom času vide pri obali, u plićaku jesera kako jedna predivna devojčica kleči nogu obnaženih i platno u vodi ispira. Tako lepe i čedne noge odavno nije videla i požele da vidi i lik tog bića. Ali dete, videvši je ispod oka, smerno savijaše glavu naniže i nikako lica da pokaže. U času se nebo smrači i senu munja, ustraši se ono dete i glavu podiže: carice nebeska, presto to beše ognjezračni, a ne lice!

Ustraši se ono dete pogledavši je, što od nje, što od nepogode i uteče. Netom nepogoda minu i Lusilija naloži svom slugi Platonu i sluškinji Pelopidi da joj kondir vina prinesu i pogaču, jer htede onde na bregu Kefalin nad jezerom obedovati, zareče se da do noći neće otići jer devojče ono krasno platno svoje beše ostavilo u strahu i morala je po njega doći. Bi joj krivo, jer kako je devojče pogledalo, bilo joj je jasno da bi se, da one nepogode nebeske nije bilo, do noći već poznali.

Ribice u vodi igraju, a tuga srce Lusilije obuzima, kad s one strane potoka koji se na tom mestu u jesero beše ulivao, pojave se dve devojčice sa kotaricama kao da su jagode brati krenule, mahnu joj rukom, smijulje se i podgurkuju, pa jedna od njih poviče; hajde nama Gospodarice presvetla, imamo sa tobom što-šta pričati." „Kako ću preći?" upita Lusilija, „voda je duboka, okvasiću svoju haljinu zlatom porubljenu." One joj rekoše da sačeka i da će one po nju doći i na rukama je preneti. Ostade ona sama i već je izgubila nadu, kad ču kako joj neko tiho pssst! prošaputa i vide one devojke iza sebe pod orahom i ona im priđe. Bile su to Agra i Agapia, jedna postarija i ne tako lepa no mila lika i očiju dobrih, što srce nežno pokazivaše, a druga lepa, no prkosnija.

Ne bi se ona libila da zarad tih lepotica i dublju vodu pregazi no što beše taj plićak jezerski. Za take krasotice bila je spremna u vatru i vodu ići. Ali prečio je u tome doživljaj jedan od pre ne tako puno dana, kad je u jesero

80

ugazila bosa ali u haljinama, čedna, da se u toj vrućinšti-
ni ilindenski kresova malo razladi i osetila namah da joj
se pijavice među noge zavlače. Istrčala je iz jezera uža-
snuta, ali se namah ukipi, jer jedna se poveća pijavica
uputila upravo tamo gde je od krvi mlado žensko vazda
najviše nabubrelo, ponajpre kad mu dođe rok da začeti
može i usne svoje ustremila na onaj vršak koji devojka-
ma ushićenje ljubavno izrodi. Bila je užasnuta tim nasi-
ljem, drskošću te napasti, ali dražest neka izvanredna
uzrokovana pijavijčim usnama žednim krvi, ukoči je,
skoro okameni. Sav otpor iz nje namah iščili. Premda je
osećala da joj se utroba cepa, čuvstvo one sreće koja je
mučenje posebne vrste prečilo je da vrsne, no, premda
bleda, dostojanstveno je svoju muku podnosila, sa onim
mirom kojim ljubavnik svoju ljubeznicu na žrtvu prinosi,
otmenošću smernog vaspitanja koje podnosi bolove tele-
sne, još radije duševnu patnju, dražesti zabluždenija koje
hoće i jače briznuti čulima no kod bola telesnog, kod ko-
jeg suze idu samo na oči, dok kod ovog potonjeg, raz-
bludnog, brizga sva sila lučevina na usnice, bradavice,
usta i nozdrve, pa i u ušima se čuvstvuje zujanje umilno
kao muzika sfera kako se zvučanje javlja kod uzimanja
napitaka strave ljubavne koji proizvode burna čuvstva u
prsima i telu.

I dok je Zmaj-pijavica kroz malenu rupicu na dražici
isisavala iz Lusilije poslednje mrvice prkosa, vospitanije
je prečilo da se pomeri i kad je knjojzi, privučen njenim
dostojanstvenim mirom prišao mladi nasilnik, sin vojvo-
de Bučana, prijatnog lika jedan mladić, ali namera zlih,
naumenik njenog razdevičenja, razvratnik oni taj blaženi
lik device na izdisaju nije mogao drugačije da razume do
kao sladostrasnu pomamu, delo njegova zavođenja, lik
Anđela pretvoren u Satanu. Gledala ga je sa mirom kako
joj se približava, taj njen nepomični i ponositi stav njega
raspomami i on joj, ohrabren njenim neprotivljenjem,
podiže haljine i ne malo se iznenadi kad tamo gde je se
nadao ljubezne polisnice ugledati, ugleda modar i nabre-
kli ud, jer to beše poveća pijavica, od onih kakve se više
ne viđaju, i još krvlju devojačkom našikana.

Bi u tom trenu Lusilija spremna da se preda jezi onoj
konačnosti, srsima neumitnim kojima se svaka ljubavna
žudnja okončava u onoj propasti, rasulu čula, svetotajin-

skom drhtaju koji se Mala smrt ili orgazmion naziva, ne mogavši da se dostojanstvom odbrani od sile one kotoraja čuvstva njena u smernosti i pokornosti vospitanijem obrazovana u razbluždenije uvođaše i ponos joj krši, kad li se ona zver pohotna krvi nasisa i sama otpade.

Jadnik onaj kad vide onu modru palošinu, u prvi mah mišljaše kako je ona veštica i u muža se njemu za pakost pretvorila, da naudi njegovoj žudnji.

Ali u času kada na njegove oči pijavica ona krvlju napijena otpade i on, koji je već zaustio „veštica" – zamuknu, jer se zaprepasti kako se ova veštica-devojka lakho od muža u nevestu preobratila, sa jednom samo malom modrinom okolo pupoljka dražičnjaka, gde se usta one nemani behu pripila i krv isisavajući u nju brizgala gordost i nežnost neizmernu. Silnom milošću preneražena, čuvstava zabludelih, pa je umesto stida u njoj preodolevao zverinjak napasti ljuvene. Ganuta svojom lepom nesrećom, laskanjem onog stvora koji je samo iskoristio da bi se krvi njene nasitio, u suzama moleći Boga da sve to potraje, blagorodnom krvlju svojom umivena, ona je i dalje osećala nežnost koja se preli i na silnika, pred njom zapanjenog stojećeg. Užasnut, on se obeznani. A Lusilija ga nije ni videla. Posmatrala je anđele kako nebom proleću, zvoneći u sve znake zodijaka.

Još milošte one puna čuvstvene, jer ne beše svršila, srce joj se taman beše razigralo, tako da je bila izvan sebe, ona blago pomilova napasnika, sad već posvema sluđenog i zabezeknutog ko gromom poraženog, tako da se nije mogao maknuti, ni glasa pustiti, nego mu na taj njen nežan dodir samo suze grunuše. Malo tim dođe sebi, život mu se vrati u udove. Otkači mu se srce uzdrhtalo i on se okrenu te glavom bez obzira otrča obalom jezera, umalo da vrat slomi.

Stoga Lusilija, sada kad se devojke pojaviše iza njenih leđa, misleći da su one neoprezno plićak pregazile, u strahu da ih nije pohodila ista ljuvena strava kao i nju, zadiže im haljine da se uveri da ih pijavice nisu zauzdale, a one taj njen gest primiše sa naklonošću, kao znak njenog poverenja i blagougodne ljubeznosti.

„O, kad bi se vas dve u jedno spariti mogle, od jedne srce da uzmem, a od druge lepotu lika! Otkud vi znadete gospodarice da je moje srce dobro, upita starija, dok se mlađa samo zavodljivo smeškala, a što se sparivanja tiče, pokušale smo, spajale se ali smo se morale i razdvojiti i svaka svoje sebi uzeti koliko god nam je lepo bilo od druge lepotu i dobrotu pozajmljivati. No recite vi nami kojim povodom ste vi ovde tako dugo, jer vas mi od jutra posmatramo i ne možemo se haljini vašoj nadiviti. Kako je to čudo: spreda ste čedni, a straga razbludni, no to vami nimalo ne škodi, no sve čednost postaje zavodljivija, a blud ponosniji". „To je upravo ono što ste rekli, ljubimaja moja" otveti Lusilija. „Oganj se to zove i led, ta odežda slika je ljubavi same. Smrt i život ona iskazuje svojom alegorijom. Dve su to strane istog novčića. A što ću ovde? Pa ugledah jedno devojče prelepo kako pre oluje platno beljaše, takvih prekrasnih nogu da mi je pamet pomutila. A i lik kako ga pred munjama ugledah u strahu nevinosti njene, beše nešto tako čedno i uzvišeno, da sam jadna u bolesti čežnje naredila da mi kondir ovij vina i pogaču prinesu, da stražarim i strepim neće li se sama, dragana moja, ljiljan onaj sisičasti opet povrnuti i platno kući poneti, pa da svoj plen očima zgrabim i pogledom posisam, kad već to usnama neću moći ne verujem da ću ruku moći da podignem od slabosti i žudnje ljubavne."

„O kako imate srca pred nama sироticu Teodoru, služavku beljalicu hvaliti! Ta videste njenu nagost, a našu niste. Znate li da prostota time samo naizgled zavodi, na brzinu i za kratko, a ne znate da je skriveno veličajnije, ispod otmenih aljina naših put nežnija nego puževa i da ispod naših svilenih čarapa gori ljubeznija pohota spremna da očas strašću brizne, a pod rubljem srmenim pol naš sedefni, poželjniji nego što ona može sirota sanjati.

„O ne ljutite se, presvetla devojčice", priđe onoj mlađoj i lepšoj Lusilija. „Ja vas milujem da jedva možete znati koliko." I Lusilija poljubi ustašca njezina ljupko napućena ljutinom. „Odlazite, kako se usuđujete", odvrati ova dražestno se nasmešivši i poljubac uzvrati, „vi ste drski, mene ljubite, a lepotu druge preda mnom hvalite." Nato ona ustade i uvređena ode, cveće brati, a ostavi Lusiliju sa svojom starijom i umnom sestrom, duboko ljubavnom strelom ranjenu.

„Pogrešili ste Gospodarice", reče joj ova. „Agapiju nije teško uvrediti, prkosna je i ponosna, ali vas uveravam, cvet je to jedan dražesni bez premca i u dubini i srce ona ima moje." Ode ona tešiti ljutitu Agapiju i cveće joj nudi, no ona ga prkosno odbi pogledavajući ispod oka prema Lusiliji. Lusilija ide k njoj i ona joj cveće nudi. „Nemojte se truditi, neću ja iz vaše ruke cvet, prekorevam vas i na vas se srdim"."Ja vas ljubim milo moje dete", uzvrati Lusilija, „i prezir zaslužujem, ali takova je duša moja, ljubiti srce moje mora i ne može sebe zatomiti". „Kakva ste vi to ljubavnica koja svakog ljubiti može? Vi ste ljubazni, ali srce žensko ne poznajete, premda ste žena krasotica i otmena kako vidim, a ne znate se prema ženskom polu ophoditi. Žensko srce kad se otvori, ono ljubiti bezgranično znade i preko mere koje se od njega zahteva. Vidovito je pritom i lako hladnoću srca u trenu uoči, samo trenutak da je. Srce je moje besporočno kad ljubim. Vi ljubav ne poznajete i ne znate koliko ona praštati može, ali ni koliko uvređeno se srditi može."

Na to Agra povuče u stranu Agapiju i prekorevati je stane : „Šta ti hoćeš! Da ova vrla gospođica, plemkinja, kraljica ili možebiti i sama grofica Marica, glavom i bradom, pred tobom klekne! E, dočekaćeš ti to! Srdiš se na lepotu sirote. Kao da ne znaš da nam sirote ni po čemu nisu dorasle, zalud beše onaj tvoj govor o čarima našim. Premda i ona, da se odene u naše haljine možebit bi vremenom postala ono što i mi, od jednog smo Boga iz jedne ljubavi načinjene, čitala si valjda Fisiologa? Možda njene pete ne bi više bile ispucale, dlanovi od vlage sparušeni."

Agapia prkosno podiže glavu i okrenu im leđa, dureći se. „Hoću da klekne preda me. Da je ponizim! To želim izvan svega, to ljubav moja od nje traži."

Utom Platon i Pelopida prineše sa slugama prostirke na zelenoj livadi pored jezera, prineše večeru i već prohladni Zefir kroz grane hrastove pirnu blažeći znoj strasni na čelima ljubljene i ljubljenice, svećnjaci i lampioni osvetliše jezero i u tom času eto ti one devojčice beljalice, Teodora, tako joj beše ime, uze platno iz vode i prostre ga duž jesera po travi, načini belu stazu, kad iz šume utom izleteše rode i onako šljap! po beloj stazi počeše hodati. Smeh nastanu, smeje se muško i žensko, sluge i sluškinje, samo Lusilija drhti u očajanju.

Posle večere priđe Lusilija Agapii: „Srdite li se na mene jošte? Znajte još ste lepši kad ste uvređeni, ponos i prkos licu vama osobitu lepotu daju. Želela bih sa vama da nastavim onu raspravu koju ste vi neoprezno prekinuli – znate li da je prkos rođeni brat podavanju, da samo stoga služi da pad u ljubav s neba zavođenja bude dublji i silniji i učini zadovoljstvo i ljubljenoj i ljubavnici? Ali nemojte ustrajati dugo u svom prkosu, on koliko uzdiže toliko ume i da ponese. Ponos vaš sam videla, poželeh da vas uvredim još dublje, da vas bolje poznam". „Vi poznati mene hoćete? A drhtite od straha pred poniznom jednom beljaricom? Odlazite ne želim vas više videti."

„Kakva ste vi ljubavnica", pokuša Lusilija da je urazumi, „ili želeći da to budete, teško ćete u raj ljuvenih srsi dospeti, ako ne shvatate da ko ljubi, ljubiti mora sve. Voleći objekt svoje žudnje, mi volimo i cveće i nebo i zvezde nam se drugačije pričinjavaju, premda je logično da ni sa cvećem ni sa zvezdama nikakav intimni odnos ne možemo imati. Jedne su premala bića, a druga su tako daleko, i o njihovoj naravi samo slutimo. Pa ipak voleći ljubljenu volimo i njih."

„Ne želim više slušati, ne želim da oko mene pletete tu lukavu zamku ."

Lusilija se nevoljko udalji, priđe sirotoj Teodori i sa njom zapodenu razgovor praveći se da joj je dosadno, a unutra je ceptela od strasti. „Što ne dođete nami dete moje?" „Kako ću ja doći ovakva sirota i neodevena međ vas gospođe?" otveti dete iskreno je u oči pogledavši". „Pa mogli biste uzeti moje aljine, a ja ću vaše uzeti, te na sebe odenuti", i ona se poče pred njom skidati našta ono dete se zapanji i udrveni ooooči joj postaše ssssstaklene, a Lusilija kao da to nije videla nastavi mirno: „Pa vi dođite i služite, ali samo mene, jer ste mom srcu prirasli. I obećavam vam da to neće biti služba sluškinje gospodarici, no služba ljubavi, gospodarice robinji, ma koliko vam za to platila u zlatu, srcem ću vam uzvratiti većma."
„O i ja vas ljubim čim sam vas videla". „A da li si ikad ljubavi iskusila, ili si nevina?" - „Nevina sam", obori dete ono oči svoje, skidajući se i sama do gola, ali kad vide kako je Lusilija gleda, bržebolje prigrabi njenu odeždu i navuče je na sebe „ne zato što sam to želela, ah, želela

sam, željna sam ljubavi, to iznad svega, ali nevinost je moja u duši koliko i u telu i nju bih samo vama ponudila ako biste je uzeli i nikome drugom, jer svet je pakostan i pun zlobe."

Priđoše tako trpezi, Lusilija odevna u odeću Teodore, a Teodora u Lusilijine aljine. Sede tako Lusilija i Teodora poče je služiti večeru slasno zgotovljenu i tek što se nagnu da je posluži, Lusilija je privinu i počne je nežno ljubiti, nato iz grma iskoči Agapia i kao harpija zabi svoje nokte u lice Lusiliji, strgnu sa nje haljine i obnaži je da je postidi, baci je u blato i bi je i nogama izgazila da se Teodora ne ispreči između obožavane i ljubomorne i tek tada Agapia razara ko je ko, ona se u mraku zabunila, vireći iz žbuna, samo je videla da se i Lusilija i Teodora skidaju do gola, tad je obnevidela i grizući usne svoje dok nisu prokrvavile, do nekog videla dođe tek posle nekog vremena kad su ove bile preobučene. U onom primraku u senci hrasta, jedva je onako besom sužena vida mogla razabrati da su one odeću razmenile. Ali nimalo se ne izvini Lusiliji, kojoj Teodora brisaše krv sa lica, već i ovoj drugoj podera haljine, ali joj Lusilija čvrsto uhvati ruku da maknuti nije mogla, već samo kriknu ozloјeđena:

„Tako vi mene ljubite, niste sačekali ni da se udaljim, već ste beljarici snishodili, sa šnjom se kriomice skidate i poljupce joj poklanjate!" I otrča uvređena, u suzama jarosnim.

Uze Lusilija dete ono u jeserskoj vodi da okupa, skinu sa nje one haljine i u druge skupocene je odenu, odenu i sebe u još krasniju odeću, zlatotkanu košulju sa širokim rukavima, i povede je u krug svetla, gde se svi zapanjiše kako je ovo devojče, do juče slušče, odjednom postalo takva krasotica da zajedno sa ostalim devojkama noć ukrašavaše ljupkošću svojom. I pokaza da je ne samo likom blaga, no i da dušu ima blagorodnu. Ona sama prva priđe Agapii i rekne joj: „Ja od vas ljubazno molim oproštaj, premda vas ničim nisam uvredila. Ne tražim sažaljenje, što sam ja jadna kriva da nisam mogla skriti ushićenje lepotom naše Gospodarice, kojoj ste i vi podložni spremate biti, premda to od svih nas krijete. Ta to je svakom jasno. Neporočna je krv moja, samo mi je srce nevino i ne može se iskušenju oduspreti kao vaše."

„Ja njoj podložna biti! Nikada, makar samo nas dve na svetu jedine ostale."

„Samu sebe obmanjujete, gospodarice moja, ne bivaju ni gnev ni prkos bez čuvstva, ali kajanje zatim brzo usledi."

„Furio!" ustremi se ona na nju, ali abie zasviraše harfe i muzika se razleže vrtom i radoznala Agapia pohita prema svetlu, jer muzici nije mogla odoleti.

Tamo su Lusilija i Agra u razgovoru hodajući vreme provodili i Agapia im priđe jošte uvek dureći se. „Ja vas ljubim", reče joj Lusilija, „ne znam šta je vama?" „Poljubite se i izmirite, oprostite jedna drugoj", nagovaraše ih Agra. „Ja bih, ali ona neće." „Hoće, hoće, samo je morate uveriti da je ljubite."

Na to Lusilija gnevno uzdahnu, a Agra joj stavi prste na usta: „Zar se tako moli? Ljubav zna da Gospodarica mora sluškinju svoju moliti, jer blago milosti od nje ište. To ste s Teodorom iskusili, ili niste?"

„Kasno je. Idom i sutra odlazim i ne znam da li ću se ikada više vratiti. Previše je patnje srcu mojem. Onu koju volim ne mogu dobiti, jer je prosto služinče, onu koju obožavam, ona me prezire."

„Ali Lusilija, Gospodarice, ta one su još deca, šta one znaju o ljubavi? O onim ushitima kad se žensko sa ženskim voli kao vrhunac ljubavi. Jeste li ih obučavali kako se lesbija postaje? Mislite da se ljubavnica i ljubljena rađaju? Kao kruške, ili trnjine?To nije svojstvo estastveno, već suštastveno, to je sveti nauk, to se mora učiti. I u Boga se veruje, pa nam je opet nužan katiheta, koji kad-kad i bol zadati ume, počupati kosu za ušima, da bi nas ljubavi uzvišenoj priveo. Budite njima učiteljica. Bogoslov. Otvorite časlovac ljubavi na prvoj strani, da bi vam se zadnja molitva sama otvorila. Ona te ljubi tako ludo da je pamet načisto izgubila. Hoće tvoja biti, ali da ti samo njena budeš i neće te nisakim deliti, hoće te celu. Zar u njenom nemom kliktaju ne osećaš da ona drkće od žudnje, da će sebe mučeći milost od tebe isprositi, da ćeš joj srdačno oprostiti da ne izgori u plamenu jarosti, gneva? Ona tebe svim srcem ljubi i spremna je predati se tebi, ne samo za ovaj život, no i na večnost, ako zaiskaš. Ima li većeg dara od toga?"

„Kasno je, srce moje za beljaricu Teodoru prionu, nju većma ljubim no što sam ikada sanjala da neko čeljade voleti mogu. Pamet moju obuze, na nju svaki tren mislim i nju jedno žudim kao deo mene same. Kasno je, od ljubavi sam umorna, idem i sutra Elisium napuštam."

Lukavo ovo sroči Lusilija, premda tako nije mislila, ali se namah dosetila, videvši jednim uglom oka da se Agapia pritajila opet u žbunu i vreba na svaku njinu reč. Ona je htela da ovu što više ljubomornom učini, da je do te mere raspameti, da joj se ljubova smerno i otkrivena tela i duše preda. Tek tako je njeno zadovoljstvo moglo postati prisno Bogu i nebu ljubavi.

Noć je bila već duboka i lampioni se pogasiše, kad Agra zastane sestru svoju tražiti i nađe je pod jednim hrastom svu u suzama." Eto ti", reče, „što su učinila. Što si tražila, to si i dobila. Gotovo je. Ona odlazi, ako nije već na putu!"

„Šta! O, jadne mene! Šta sam učinila? Zar odlazi? Gde je? Gde je put ljubavi moje da se umesto platna ja na njega prostrem i ponizim. Da ja pred nju kleknem, koliko sam želela da ona preda mnom kleči, sad još strasnije to želim pred njom. Reci mi gde je!"

„Idi, možeš je još pod onim orahom zastanuti, ako nije kasno."

Potrči Agapia kao bez duše, kad tamo, a Lusilija prigrlila dete Teodoru i dušu joj na usta isisava, a dete ono onemoćalo, od ljubavi obamrlo, već kao da je nema. „O, jadne mene, eto moje pokore!" Jeknu i Lusilija kad ču njen uzdah, trgnu se, opusti obamrlu u travu i pohita za Agapiom, stiže je u žbunju.

„Kako ste pakosni, kako bezdušni, zli!"- cvilela je Agapia sa suzama u očima, okrenuta Lusiliji leđima. Njen bes beše tako nevin i lep, da Lusiliju baci u zanos i ona joj stavi ruku na rame. Nato joj Agapia prionu, stavi glavu u njena nedra; „Oh, kako vas volim, kako vas volim, gospodarice moja", jecalo je ovo dete, „Kao da mi gomila čelaca gamiže među nogama."

Agapia kleknu: „Eto ja pred vama klečim, a želela sam uprkos svem da vi preda mnom lečite. Prva reč iz grla vašeg, mene je naložnicom vašom učinila, u njoj sam shvatila dubinu grla vašeg i pozavidela jeziku koji u njemu obitava, želeći ga izvan svega i u sebi i na sebi. Vi ljude u zanos bacate samo pokretom usana i vrškom jezika, koji u smehu lukavo među usnice isturite i njim od ugla do ugla prošetate, pa ga ispupčenog zavučete ispred zuba, kao da nas tom klopkom mamite, blistajući očima u zavodljiv osmeh, kao da njini uglovi, žmireći, upravo na taj đavolski vršak ukazuju kao na mesto najslađeg uživanja, ostavljajući nas zgranute i bespomoćne, besomučne od ljubavne žudnje. Želim ga u sebi, da bude moj. I sad sam shvatila da me ljubomora još više raspaljuje, klečim i molim vas, ne odustajte i kad ste me već van pameti doveli, volite jednako beljaricu kao što ste je voleli, uzmite nas zajedno što će veća moja patnja biti i poniženje, to će se više duša moja u ljubavi i sreći vozdignuti. Ja sam strelu vaše ljubavi u sebi osetila i odbiti vam se ne mogu, možete me kazniti prezirom, ali mi ljubavi milost ne uskratite, vi ste ili Veštica ili Anđeo.“

Klečala je tako Agapia zureći u prgavo Sveto žensko trojstvo, upravo naspram očiju joj, u taj tamni trougao prečage između zemlje i nebeskog blaženstva, tako blizu, a tako daleko jedno od drugog.

„Ni jedno ni drugo, no sam samo ljubavi puna. Ono čime me silnici muževi napuniše, želim devojkama vratiti. Ne stidi se svog poniženja, što je prkos veći, to je poniženje slađe, tako je priroda udesila. Hodite nama devojke i pridružite se u slavi, upoznajte jedna drugu, umesto suparnice, ljubavnice budite, poklonimo se ljubavi sve četiri da bi, pokoravajući se njoj, vlast nad vaseljenom zadobile. Blaženstvo je u Bogu sirotu srećnom učiniti, učinite i vi to jedna drugoj, u ljubve se odenite aljine, skrijte golotinju mržnje svoje i nenavisti i sirotinje stida svojeg. Što je drugo do sirotinja najveća, ljubavna ova žudnja, jer čime se ono bogatstvo koje žudi ljubavna glad porediti može? Kako će se gladan nahraniti, prazno ispuniti, bez nebeske one ljubavne žudnje? Ne kaže se uzalud milost ljubavi, a ona koja milodar dobije, kojoj se udeli – milosnica.“

Povrate se obamrloj koja kao u zanosu ležaše, nesvesna šta se sa njom događa i Agapia zastane, podigne ruke uvis kao da će je zgromiti. Tad Lusilija shvati da je Teodora sestrica njena Melissa, ot ljubavi mužeske zamrla i sada vaskrsla, njoj mila Agapia htede je kamenom zgromiti, sestricu njenu nanovo u ljubavi zamrlu, spremnu na nov vaskrs kroz novo raspeće, ali je Lusilija s leđa pod pazuhe podnimi, grudi joj rukama zgrabi te ovoj preseče dah, kolena joj razglobi i snagu skrši i sirotica bi se na tlo složila, da je ova ostrag nije pridržala, na telo svoje primila, i u sebe sklopila – tako estastveno slučaj htede da je izbočenje jedne žene s leđa ulegalo u krilo onoj potonjoj stojećoj kao vrata u dovratak i premda obe glatke i skliske behu, držahu su se jedna uz drugu. Klonu Agapia, neostade joj ništa drugo već da se ljubavi božanskoj preda, onako ruke jedne podignute, pozadi zabaci i glavu svoje ljubljenice nežno prihvati, privuče je sebi „O, kako vam je obraz mek i topao", i poljubi je. „Zašto mi poljubac ne uzvratite?" upita je puna pristrasnih misli, srsi paklenih, a Lusilija da joj pomogne pomiluje je po vratu i usne svoje na njen potiljak spusti pritiskajući je naniže, kroteći je kao što petao kokoš kroti kljunom dok je obležava, ježi, ali ne bolom, već ljupko, što poniženje ljubavno po dušu bolnije postaje, te se ova u blagočuvstvenom stanju nahodi, prijatnoj neke vrste melanholiji.

830 19 avg. Toza mi dugue 13 zlatnih forinti od Uskrsa jošte mi vratio nie

Učtivo i smerno ona priđe ljubavnim odnosima. „Srce si moje poznala i stoga ti se snishodim. Ponos moj veliki beše, tim je poniženje moje slađe. Da ti samo vrhove prstiju poljubim, dalje nisam dostojna da dare i srsi ljubavne uživam pola tvog ognjezračnog. Poljubiću sirotu kao sestru svoju, a vidim i tvoju, da mi munja ožari srce. Zašto ste tako pakosni, pa me jošte ne milujete? Zašto mi poljubac uzvratili niste? Zar nisam dostojna, zar nisam dovoljno prepatila, ponizila se, zar se prebrzo prepustih pa me prezreste? A sad i da hoćete, ja vaš poljubac ne mogu primiti, a da na njega ne uzvratim sa kamatom, evo daću predujam na lihvu. Poljupci su takvi da se vraćanjem umnožavaju kao jeka, ljubljena ožuđena ljubavnicom, ponor ljubve čuvstvujući, spremna je i da dar utrostruči, dok joj se zajam ne vrati, na raboš ne urezujući, dare ne pamteći" – od govora svog bezumnog

Agapia se unatrag izvi i prenerazi, glavu njenu na svoj vrat privi. „San sam sanjala da se jedna zvezda s neba užarena stuštila prema meni i u utrobu moju grunula. Sad to znamenje u sebi vidim i vatra me zvezdana proždire...

...ne, ne u usta, svuda gde god želite, samo ne u usta. Ne mogu vam usta svoja dopustiti, jer sam ih Hristu zaveštala, odbila sam zemaljske prosce, da bi Cara nebeskog nevesta postala, cvet nevinosti moje je njemu u zavet dat, ali tu su oči moje i duplje njihove ljubite, dok vid moj ne isisate i od milošte ne obnevidim, ni uši nisam zavetovala i meni je jednako, ako ne i milije kad me u uši ljube, to ako hoćete milost meni prezrenoj učiniti, evo vam ušiju mojijeh, dvoje je uvek više nego jedno, i dvostruko je uže, ako je tako dražesno kako mi kažu oni koji su dragobilje ljubavi u njega sejali i po onome što sam i sama čuvstvovala, uzmite i ljubite koliko vam volja, ta žest ne ostavlja traga i bogu ostaje božje, a caru carevo i meni i vama učinite dragost, greh nećete učiniti.“

Ali Lusilija ne osta pri ponuđenom daru, minđušama poljubaca orosi njene dražesne uši, srsi stršljena strasnog pretvori u praporce srebrne koji odjeknuše u muziku sfera, usu bisere ljubavi u obe joj školjke, jednom otvorena vrata ljubavi dalja vrata uz jeku otvaraju, ali zar vam i potiljak nije dražestan, reče, pa pazuha oba, pa bradavice na njim' pijavice; pa pupak, pa otvori noge njene, jer se one u ljubavi otvaraju i šire: jer jedna je u pohotu zagazila, a druga videći da će i ona čednost izgubiti, ustrašena ide sve dalje da za njom ne pođe, već da čedo pod sobom ljubavi božanskoj se preda. Kradom, ali ne bez nemog pristanka obljubljene, uz drhtaj podložeće, ona spusti poljubac na tajni ružičnjak njenog razmeđa. I sikilj: o gle, kako se nevinost brani i neće se lako slomiti, vidi junošu prpošnog kako se propinje i junači drčan, on je stvoren boga slaviti i Hristov zavet čuvati. Gle, kako se samo žesti ovo čudo, a ni za nokat ga nema, tek je iz pelena izašlo, a još se njih ne može osloboditi, upetljalo se u vreže devičanske, žari se i prsi a pola ga od pola muškog nema, već je pre pile poletarče prpošno. David goli ženskih vrata, spram jezika, Golijata. Sam će sebi oko isterati, miš slepi. Junak žestoki, to drčniji, što mu njušku više natrljaš, duri se i štrca sline i bale i sve se više trsi i prsi, a jama pod njim je sve šira i dublja i propast mu se sprema. Stradavši u jami, postaju sveti. Otvarajući nebeske dveri da slavi Isusa koji ih ljubi i blaženstvom obliva, bolovima raspeća koje je nada u novi vaskrs.

Hristu zaveštano ćemo čuvati i hraniti, a nama će još bolje biti kad nas radi, u mukama ljubavi uživati možemo zajedno sa Stvoriteljom, pomažući usnama ljubavi njega slaviti i ljubavlju njegovu hipostasis, snishođenje prizvati.

Tako su se lepo poznali i poznavahu se jednako, vraćajući jedna drugoj milo za drago, sve dok ih noć ne pokri sa crni krili

sada je pola od 3 sata polnoći. Lusiliju sam snio, prilazi mi od ljubavi snena i suzno šapuće: Milovane Vidioče moj, šta si od mene načinio, stidiš li se moj Vid- Vidaku? Pa ti si mene drugom prepustio, jer sam hrabrosti obležati me nisi imao.

(Šta je ovo sa datumima? Jesu li se meni u snu listovi izmešali? I kao da jesu, a opet po priči kao da nisu. Što je meni san, drugom je java. Hoće li to nekad i postati, videće se).

Nikad te ja Lusilija draga nisam napustio, mi smo jedno drugom na večnost zaveštani. Sa mnom ćeš navek nevinost nanovo gubiti, uvek u novom raju u snove pretvorena. Varaju se oni koji misle da se ljubav događa samo jednom. Nevinost dvogubo izgubiti je redak estastveni događaj i ne zbiva se drugačije nego u snu obležavši osanicu-sukubu svoju, u raju islamskom kako je poznato – nebeskim hurijama uvek nanovo devičnjak zarasta te su spremne svakom novom gaziji podati se, kao i sve nebeske priče i ljubav se nanovo može ispričati, jednom ispričana priča je kao rana koja ne želi da zaraste, žene to bolje znaju i od muškinja i one to prosto traže i to najbolje u ljubavi među sobom čine, jer muško hoće devičnjak raskinuti i cvetno mesto Obožavanja u Smeh raširiti bludni i prkosni, O-smeh u prazni meh pretvori kao O-rah kad se isprazni skršen u S-eme tako se i devičnjak Obležanjem u Jao pokajanja pretvara i ponovo žudi da se pričom u jedno Objedini i bude ponovo Ceo kao da je lepa priča nanovo ispričana i od zaborava otrgnuta zaborav za bolove ljubavne i proče. I mesec se u srp pretvara i u noć umine da bi zvezdano semenje i mleč Puta mlečnog začeo samo jedno Sunce, taj himen strahonosni koji se rađa Obzor Cepajući u dan uvek novi i uvek isti, a priču uvek novu, svetlost devičanstva ponovo izgubljenog, jer svaka svetlost novog dana je radost umiranja nevinosti, nevinost se gubi kad se duša svetlošću ozari, seti se ognja besmrtnog raja izgubljenog i priča ponovo ispriča, a tuga zbog skrnavljenja zamire u radosti vaskrsa ljubavi neumrle.

Šta biva u prirodi u decembru kada su najveće zvezde stajačice?

Uživa Lusilija u senci devojaka u cvetu.

Hladeći se tako u ljubavnom znoju, ostavljamo te Gracije kraj jezera bistrog, znajući svi u kakvom se tada blagočuvstvenom stanju duša nalazi kad se ljubav okonča, a opet kao da nije nestala, kao kad vas strasni stršljen sred srca ubode, a vi ne osećate bol, već se duša naslađuje u finoj onoj musici, harmoniji slatke melanholije, gledajući one poliedre, zatim konjanike koji peščanik drže, i sve one trouglove i sazvežđa kojima je melanholija ispunjena. Ona stade štucati nekog se pominjući, oseti u dubini duše slatki poriv za materom svojom, neku divnu tugu, jer majku svoju odavno ne beše videla. Šta li je š njom? Kog li sad silnika kroti, kome sad pol uzima, da ga ljubavi Hristovoj privede? Ko će matere svoje zaboraviti? Svako čeljade majci svojoj stremi iz čije je utrobe na svet došlo, hvaleći roditelje svoje ako u njemu čuvstva plemeniti ima, a Lusilija je od te kovine bila. Koliko je želela nalik materi svojoj biti! Na metli leteti, svetove nove otkrivati, estatsvena znanja prikupljati i beležiti pažljivo promene, pa upoređivanjem dolaziti do novih saznanja po kojima je priroda ustrojena kao neki fini sat koji je Bog navio, a ljudi samo ljubavlju svojom podmazuju i održavaju. Ali se i bojala – šta ako padne, pa se strmoglavi u dubinu ponora u jezero ili još gore na kakvu čuku kamenitu, razdruzga svoja kolena, razudi vilice i oči joj se prospu po onom što je do maločas sa udivljenjem gledala? Ali u njoj je ukorenjeno neko čuvstvo bilo, nije odolela ako bi neka grana iz hrasta štrčala da je ne uzjaši ili se bar o nju očeše, makar ona mladica bila nežna vetva, ali metla – to ne! Nije se usuđivala. Ali žudnja bivaše sve veća i ona nađe jednu pogodnu metlu, pa je poče uređivati i doterivati za let, jahanje, spreda je zaobli i ureza za konop povodca, na mesto gde bi joj stidnica nalegala, postavi jedan morski sunđer da se kojim slučajem u naglom ustavljanju metle ne odere po bolnom mestu, na rukohvatu obloži je vučjom kožom da joj se ruke ne omiču, jer bi mogla skliznuti prema donjem oštrom delu koji bi je pomeo do ludila, naniže sunđera okači dve manje mešine od kože odranih hrčaka, jednu za vino, drugu za vodu, ako na nebu ožedni, a oblaka nigde. Metlište očešlja i poveza crvenom trakom sa krizmanja kad je još katolikinja bila, dok nije u jedino istinitu veru prešla, ispod metlišta priveza manji fenjer od ribljeg mehura napunjen svicima, pa niže i spremište za pohranu čudesnog bilja. Te uglomer za merenje visine ukrućenosti drška, što može, ako je preterano, pri velikoj brzini letenja, jahaču štetu naneti i u grdnu ga nevolju baciti, u kovitlac koji zovu ,,metelna strast", ,,metež čula"; pa ublaživač podrhtavanja pri galopu, pa prigušivač sladostrasnih uzdaha, milosnih krikova, menjač brzina, brisač radosnih suza, konop-visuljak sa drvenom kuglom radi merenja brzine poniranja, vodeni hladnjak i ispravljač zanošenja pri poniranju, zadrživač daha pri sunovratu, ismevač ponosa pri oholosti, prkosa uznošenja, astrolab za upravljanje po zvezdama, korman za ubrzanje, papučice za noge, praporci za erosnu jezu, češagija za picosvrab, varalice za veštice-sisalice, pribor za jecanje, te kremu za štucanje, podmazivač trtice i prigušivač grešnih misli i smrtnih grehova. I sve trice i kučine stavi izmeđ' nogu. Što je više ukrašavala to se više bojala letenja. I u jednom času osmeli se i uzjaha. O, kako polete, kako se namah obistini slutnja – ona je kći veštice, a krv nije voda! Letela je tako nad poljima, nad jezerom, nad ostrvom Kefalon, posmatrala bilje, zlatne ribice i potoke i svu ljupkost ptica koje sada gledaše odozgo. I kad pade noć, najednom ugleda nebo puno veštica! Letahu kao oblaci svetlaca i jedne mimo nje hitahu mršteći se i dovikujući joj – koja je sad ova kaćiperka, druge zavidljivo i smerno posmatrahu njenu metlu, pitahu gde se i po kojoj ideji može slična nabaviti i koju cenu za nju treba platiti, treće joj prkosno čerupahu vrpcu, a ostale bi, većina njih, setno naslonjene na nadrvenjene svoje letilice, posmatrale vaseljenu svetu i nepojamnu dubinu, osmatrale kako se dole pale i gase ljudske svetiljke, belasa odsjaj Meseca na jezeru i na horizontu, gde se nebo i zemlja u zagrljaju snube, izmaglica neka, vizantijsko plavo, pičkin dim – šta li je – tone u bezdan.

Shvati tada Lusilija neizmernu tajnu – na svetu i nema muškinja, već je on u vlasti veštica – muški nisu drugo do ostarele i oćelavile, bradom naružene veštice kojima su od dugog jahanja metle urasle u krilo i da ponovo mogu da polete samo kad nevine i neiskusne mlade veštice poučavaju letenju i jedino im se tada metla odrveni i ukruti kad mladim svojim kšćerima – sestricama ponude svoje ude koje ove još nemaju. Ili kad sami sebe u ludilu strasti daju kastrirati. Daj i daće ti se.

Na svojoj kićenoj kočiji Lusilija se obruši prema zemlji i kad su već pakosne matrone videle kako se drska a neiskusna iskušenica razbija o tlo, Lusilija lako pomoću kočnica i tankih krilaca skrenu svoj metlolet i tik nad vrhovima drveća zavitla rep svoje metle. Granje drveća se povi, vihor pokida lišće i cveće polete okolo, gnezda se rasuše, sunu perje sa očerupanih ptica, a one goluždrave nagoše bežati da se sklone u pacovske rupe, skriju svoj stid.

Ni najuglednije časnice Matice veštica nisu sanjale da je samo repom metle moguće načiniti takav rusvaj. Umalo nisu pukle od zavisti, osmeh im se sledio. „Bravo“, povikaše mlade, dok su one krivile usta: „Čudna mi čuda! Kao da mi to ne možemo. Ali postoje neke norme“. Umirale su od pakosti.

Mlade kao da ih nisu čule. „Koji ršum!“, oduševi se jedna od mladih. „Za ovako nešto treba imati jajnike!“. Starije je sasekoše pogledom. Ali nisu mogle da spreče ostale da ne pokušaju. Svaka je mogla, nije bila stvar u tome, već je trebalo setiti se. Kako se do sada niko nije setio?

Taj let poznat u veštičjim štetoletima, nazivao se u prvo vreme Lusilijin let. Ali matrone zadužene da se imena upišu u istoriju, iz puke zavisti vremenom mu promeniše ime, na komisiji za jezik i nomenklaturu, u „brišući let“.

Možda je to jezički i bilo prikladnije, ali je ipak bilo pod-
lo. Ali vešticama podlost ne smeta, one od nje i žive. I
tog časa, kad god bi koja šuša htela štetu načiniti, obruša-
va se u „brišućem letu."

Na Bogojavljenje, 827, u pola drugog časa noćnog:
usnih noćas kolo veštičje

„Pesan vojvode Bučana, slepog odozdole":

Tamo bješe tušta od vješticah
na tom gumnu gde se ljegu guje
prekrile su nebo i pučinu
prekrile su brda i doline
sve od Cuca do Sinjajevine
ne vidi se ko je kome svojta
već se grle gde ko koga stigne
čine razne onde raspuštine
kojih bi se svako postideo
a one se jošte veseljahu
psujuć nebo prkoseći Tvorcu
pominjući vazda svoja prava
kakva prava za te kurvetine
jedna drugoj u reč upadaju
ko da vetar duva odžaklijom
ćutke, žmureć padaju s visine
obučene u čudne aljine
ko da ih je pauk oblačio
sve na njima providno bijaše
ko ih vidi mora da se stidi
jer su gole ko dlan siročeta.
„Đa, Milinka, Vera, Anđelija"
vitlaju se đavoljijem gumnom
povezane dugijem kosama
oko nekog čudesnog stožera
rvaju se, vise naglavačke
okačene o grabove grane
jedna drugu držeći za sise
mesto hleba, hranjivog zrnevlja
vršu seme svog Velikog Kneza
smradnu drezgu mračnoga Sotone
jer sve više uz ciku i pesmu
stožer onaj i sramni i smradni

obvijaju svojijem kosama
i što više vitlo ono steže
magareću onu palošinu
usađenu među dva kamena
ko povóóo noko lubonioo
to se više stub sramni uzdiže
prema nebu prkoseći Tvorcu
podiže se sve više i više
dok ne brizne iz njega prkosna
mezgra mutna đavoljskog semena
uz urlike one vražje družbe
koja slavi smradno pomazanje
i pričešće đavolskijem smradom
jer im nema lepšeg ni milijeg
no tog vražjeg mira isisanog
pritezanjem skarednoga stuba.
Tad nastane svadba naopaka
jedna drugu stidno objahuje
povlače se u kraj iza žbunja
tu skamuču, deru se i bljuju
dok grohotom iznad njini glava
mračnim suncem Knez iskonske Tame
obasjava ono vražje gumno
presto smradni srama i pohote
na sramotu crkve i nebesa.
Strašna svadba Mandušiću Vuče!
Mani rukom Obiliću novi
da istragu novu učinimo
svet hristajnski opet privedemo
staroj slavi našeg pravoslavlja.
Uspravimo naše buzdovane
mačem pravde privedimo veri
nakot vražji na skarednu guvnu:
pečat krsta na veštičja usta
oganj pravi na oltar krvavi!
Prst i pervaz neka se sudare
kome kresta pukne- teško njemu

Tad razumede da se ogrešila o Vojvodu, Bučan, sve-
jedno otac ili brat, bio je u stvari Vojvotkinja koja je ses-
tricu Melissu poučavala letenju i zavide mati što njoj nije
to palo u deo, metlu mu je odrezala što je u carstvu Ve-

štica neoprostiv greh, jer metla je izvor sve rajske rado-
sti; i u tom času upravo vide Žig kazne: pri dnu, negde u
šumarku, ugleda kako se tromo i lenjo vuče Mati koja joj
je krenula u posetu. Stušti se ona njozi ususret, prkosno
podnimivši svoju dršku : „O, mamitse moja, šta je s to-
bom, ulenila si se, odebljala, a evo mene u Gornji sam
Jerusalim odletela."

„E, kćeri moja, nešto sam se uprepodobila. A do Gor-
njeg Jerusalima ti ćeš još metli nažuljati. Tek si nebu ne-
vinost uzela, a orgazam je jošte daleko. Ono što si videla,
samo je Prizren grad našeg moćnog Cara Dušana Stefa-
na" – i ćeretajući tako njih dve o politici, ekonomiji, ro-
doljublju i vaspitanju dece, zaboraviše da lete, već behu
na oblak okačene kao krila neke ptice ognjem munje opr-
žena i tu osmuđena i jedva se ona mogla od matere svoje
vozljubljene rastati, osetivši strast jahanja, na metli koja
je od strasti putene čista, nasuprot jahanju na udovima
muškim, koji bi trebalo za umnoženje roda da služe, vra-
ćajući semenom mleko koje su od materi svoi podojili,
ljubeći celomudrije i čistotu telesnu, a ne za uživanja i
preterivanja i nastranosti poroka od prirode udaljenih.

  I Lusilija namah shvati zašto je njena mati bila oteža-
la – pa ona je noseća!, možebit i multigravida, a malo za-
tim bi i njoj jasno zašto je onu melanholiju osetila i muč-
ninu – u duši je osećala trudnoću premda sama nije bila –
mati će joj nedugo brata ili sestricu roditi! Čučne Lusili-
ja pored matere koja se već preznojavaše u trudima plod
iz utrobe istisnuti, u slatkom onom bolu koji i samu va-
seljenu oživljava i naseljava, i ne potraja dugo, a mati
snese jedno ovešće jaje! Na nemušti znak pitanja na čelu
svoje kšćeri (veštice nemuštim jezikom opšte), ona se sa-
mo snishodljivo, nasmijulji odgovarajući kao da se prav-
da, starom veštičjom poslovicom: „Ko leti – jaja nosi" i
sa ne malom ljubeznošću i samilošću pogleda plod svoj –
beše to Vojvoda Bučan Treći! Jeste da je bio jaje, ali na
njemu sve tako voštanom bojom beše narisano i us-
kršnjim bojama namolovano: maleni šeširić, kicoški na-
krivljen, obrvice-pijavice, oči kao dva ugljena, brčići
malo ufitiljeni, obrašćići rumeni, pa leptir mašna i frak,
pantalone malo na donjem polu sužene, kakve su sad u
modi i cipelice sa šiljastim vrhom i pertlama u mašnicu
svezanim. Sve beše kao neko Uskršnje jaje i Lusilija ra-

98

zumede da to i jeste Uskrs, Veštičji Praznik, jer to je jedno isto, reč vaskrs dolazi od stare slovenske reči vaštica. Njena mati je noseća postala svojom greškom, jer u besu odrezavši ud svog supruga koji je skrnavio njenu kći i svoju sestru, ona ga u zanosu besa i proguta, te njime kroz usta utrobu svoju oplodi. Šta je bilo, bilo je, ko guta jaja, jaja će i rađati, te ti mati njena umorna od trudova, sede na onog Bučana-jaje da ga ugreje ne bi li se rodio, i ležeći tako povede filosofičesku raspravu sa svojom kšćeri o simvolima vere, diveći se njenoj metli srpskim ocilima ukrašenoj, ali Bučan se iz sna-vaskrsa probudi, puče ljuska ugrejana sedalom Matere, pomeri krilo njezino, kad imaju šta videti – nije to bio Bučan, već iz ljuske zaleprša jedna mala knjižica žutim svojim paperjastim koricama zatitra kao da će poleteti, a na koricama je pisalo: *Čadoljub ili o dece vospitaniju ot Milovana Vidakoviča* (a to sam ja), to pile-poletarče tek se ispisivati počelo, one otvore knjigu prelistavajući svog sina-brata, a na svakoj parnoj stranici samo jedno Ha! stajaše kao da se neko smeje, a na drugoj mu ženski kikot odjekom vraćaaaaše hi, hi, hi i to latinicom da se zna, jer kako naš narod kaže Latini su stare varalice, tj kurve, što pokazuju i pismena jer ono *i* i nije ništa drugo do pol ženski: gore tačka . sikilj i pod njim ženski rascep, dok naše ćirilično I je drugačije, ono je prvo slovo imena našeg Isusa Hrista koji je znamen imena svog na ženski pol utisnuo, zaveta radi nevinosti njemu podarene, te svako nevino žensko čeljade svim srcem i svim usnama ime Hrista svog Zaručnika ljubeći, slavi drevnu istinu, što sve skupa je samo još jedan mikrokosmički dokaz o ispravnosti pravoslavne vere i njene premoći nad onom drugom, sa kojom čini knjigu istu na kojoj jedne stranice muške pozivaju Ha, a one druge ženske se sa njima snube, prvo u jedan isti, a zatim dva naspramna lista jedne iste knjige, kao zov i jeka Ha i Hi. I kad muško, pravoslavno I drčno i ukrućeno, u blud potone, samokastrira se te u orgazmiju tačkom brizne i u katoličko, stidno žensko, kurvinsko se pretvori *i*, sikilj bude, ne veći...

„Izvinite gospođo što vas prekidam", jedna suvonjava spodoba dolete na vrlo izlizanoj metletini od grabova pruća, kakvu imaju veštice – službenice, „ali mala je pogrešila. Ona mora prvo na ispit, mora proći kušnju, ne postaje se veštica po metli već metla ide po veštici. Ako želite da vaša kći ostane pripravnik, u tom slučaju.."

„Oh, ne, Oh ne", zavapiše i mati i kći, „recite šta sam dužna učiniti da vospitanije svoje usavršim? Šta da popunim, gde da potpišem u koliko primeraka, jedan, peti primerak ide meni..." Lusilija je bila spremna sve da uradi samo da se svoje metle i letenja ne odrekne.

„Ispit je težak, ali vi ćete sami naći šta je to. Sudbina bira svoju vešticu, a ne veštica sudbinu. Uvek je bolje reći ne, ali je lepše reći da."

Vašari: Bešenovo (manastir) 16 julija na Kirila, u Varadinu 23 feb, 17 julija i 3 avg., Irig na Todorovu subotu 24 julija 11-tog oktobra Grgeteg, 9. maja Vrdnik, 15 junija o Svetom Lazaru knezu.

Karlovci 15 marta 20 junija 22 avg 20 nov, Krušedol 3o junija Sv Angeline despotice srbske

Da su ostali još neko vreme, Lusilija je mogla naučiti da veštica ne odlazi ni prilazi, već da je drugi prizivaju, ali za pouke više nije bilo vremena i veštica- nadzornica, odlete u strašnom fijuku od kojeg se diže suknja Lusilije-majke, dok Lusilije kćeri nije, jer beše kratka i uska, za dizanje nepodobna. Skromnije i time smernija, manje razbludna.

„Spremna sam na sve, ništa me ne može iznenaditi. Uostalom, nije na veštici da bude iznenađena, ona je ta koja druge iznenađuje" – Lusilija je već počela da uči. Zamolila je od majke da joj pozajmi knjigu-oca-čedo, svideo joj se kompleksni sadržaj i obilje poruka, zaplet, konstrukcija likova, psihiloške nijanse, dramaturgija i kompozicija, jezik, stil, ali mati samo zavrte setno glavom i nežno se nasmeši. „On je moj", to je sve što je mogla da kaže od milja.

„A ti", posavetova je još mati na rastanku, „ako nećeš kao ja da prođeš, moraš smisliti neku nepodopštinu, nešto što će te veseljem približiti samim nebesima, inače ćeš se osaliti i odebljati kao ja i umesto da labud budeš, postaćeš koka – nosilja."

Tako se rastadoše mati i kći, jedna osta da se o svom porodu-knjizi brine, a Lusilija se raskrili i kao knjiga bez korica odleprša svojim drugaricama, nebeskim pticama.

marta meseca na Ravnodnevicu otvorise Srpska viša devojačka škola u Novom Sadu

Razlika između neuke i školovane veštice – nastavi ona pouke iz Čadoljuba -jeste upravo u načinu na koji se nevinost gubi. Deviđnjak je kruoijalna metafizička odrednica, oreol i paradigma kosmosa i ukupni filozofski korpus definiše se relacijama te virtuelne ravni. Nešto kao spoj realija i univerzalija. Veštica nedouk, nevinost gubi samo jednom i zauvek, učena nijednom i uvek ponovo. Dobro obučena veštica se poznaje po tome da nikad neće pokazati ni prikazati, priznati svoj vrhunac uživanja. To su paradoksi. Ostaće hladna i nepokretna spolja, da bi je vatra tim silnije iznutra obuzela i uzburkala, tad je usmeri unutra, na čakre, u žiži ugleda sam presto nebeski; dok se neobučena nevina i naivna znoji, prevrće, koluta očima i izvija, grči i kriči, uzdiše i baca bale na sve strane i iz svih otvora, koža joj se ježi i sve petlje dreše; veštica-akademik upravo jaše na svetlosnom vetru erosne mudrosti i tek vrškom jezika podbada svog jahača da je čvršće stegne i zauzda, eda bi se više propela uvis; usplje slabine, uvuče pupak i skupi usta kao da piri u vrući krompir i samo široke zenice i sve uža stidnica znak su da pravi, nebeski let tek započinje i da nežnim prisenkom Erosa uvijena, tek izvajana staklena posuda, kondir ushita i svetog zanosa, umesto da se u orgazmiju skrši kao kod neuke, počinje da lebdi i vrhuni se slikom predivnih priviđenja nebeske nirvane, zemaljskog trusa, deset dana nežnosti koji su potresli svet, pukotine u sferi Vrta uživanja i svetog Trojstva: Bola, Radosti i Praštanja.

Šta da činim, dobrota i naivnost će me koštati himena, biće pogođen cilj, a izgubiću sve ostalo, pomisli Lusilija i odluči da bude pakosna i zla, da bi se na tom položaju nebeskog letenja i podvižništva što više održala i možda i stekla i neko više zvanje.

Beše u okolišu onom nadaleko poznat kaluđer jedan isposnik samozvani koji je Hrista voleći na kšćeri njegove zamrzeo, zapravo on je najpre žene zamrzeo, pa se Hristom lepo zaklonio, da mu se ljudi ne smeju, već da ga i poštuju. U dubini duše on je nji od malih nogu obožavao, ženskinje je on preko mere voleo, ali ih se bojao i zbog toga kivan na nji bio, ali kako je strast rasla, tako je rastao i strah, to dvoje i u jeziku i u životu podruku idu zajedno, pa je on onda vremenom video, da ako ženske haljine na sebe navuče, da se straha od drugog pola oslobodio, a onog drugog da će ga Hrist osloboditi ili mu, ako mu bude milo da se strasti drži, u duši oprostiti. U svemu on nalikovaše ludostima vere odvajkada poznatim, kibelijskoj onoj pogibelji u drevnom Rimu, kada su vernici u zanosu udove svoje odsecali i u trenu od sebe ženskinje činili, bacajući pod noge Kibeli božici svojoj, kipu mrtvom koji su na nosiljki nosili, udove svoje odrezane, te bi u te sate Via Sacra na Foro Romano namah postajala skliska i ljigava od krvi i kurčeva odrezanih.

Elem, dogovore se devojke posle ljubavi prkosne i ćudljive, da onom pseudojarcu neku nepodopštinu načine, izvrgnu ga ruglu i da se šnjime poigraju i onu divnu melanholiju ljubavne pričesti od sebe nekako odagnaju. Nisu imali namisao (ideju) šta bi činile, već će se snaći, devojkama je dovoljno da se pojave, pa je i to neka sablazan, a dalje će se priča sama od sebe odvijati, jer gde je sablazan, tu je priči lako kao vodi u suvoj vododerini, kad krene povodanj. Navuku oni na sebe monašku žensku odoru i krenu puteljkom jednim u brdo urezanim, naviše prema kolibi pustinjaka onog, kad se nebo namah naoblači i u trenu se smrknu, tmuša zavlada svemirom, iz oblaka sunu kiša, kapi reklo bi se ko glava čelovečeska, dok si dlanom o dlan, puteljak oni se u kaljugu pretvori, zatim u bujicu, jer to vododerina beše i one na jedvite jade nekako se uspuzaše uz strminu da spas od pogibelji nađu, hvatajući se rukama okrvavljenim za šiblje i korenje neko ukraj puta i vrišteći u pomoć. Čuvši krike devojačke pustinjak onaj, jer mu koliba u blizini beše, pomisli da je opet bog njemu neku slatku kušnju poslao, sablazan, u kojima je on posebice uživao, te brže – bolje istrča i vide da je priviđenje ovaj put obilato uslišilo njegove molitve i to četvorostruko, prigrabi one devojke, jednu pa drugu, primi ih na svoje grudi da ih uteši i odvede u kolibu.

One, brzo od straha oporavljene, namah se setiše. Kad nepodopštinu koju devojke smisle i Bog im se nađe pri ruci. „Pomagaj oče!", kriknu Lusilija prva i snimi s sebe monašku odeždu, onako kao od majke rođena, obesi mu se o vrat – „Oče sveti istrljaj nas muškom rukom i toplim vinom napoj, oživi nas ljubavlju hrišćanskom, ne daj da od hladnoće se porazboljevamo. Jer ako u raj odemo ovako mlade i jebozovne, ja i moja ova tri napičnjaka, napravićemo pičvajz među svecima, našim strasnim rešama ukrasićemo i sama rajska vrata. Da makar doživimo da se smežuramo i uvenemo, da se od starosti smoljčamo i crvi iz naših ušiju u dojke ulaze, oćelavi teme naše u džakove se haljine pretvore (Knjiga proroka Isaije) valjda ćemo nebu takve milije biti. „

Ugledavši se na nju, i druge devojke snimiše odeću sa sebe, a Teodora kao i uvek kada bi gola ostala, bilo da je kraj nje muško ili žensko, opet se sruši u padavicu, od one vrste kad se od ženskog tela beli most napravi, kao da je neko između potiljka i peta po tlu neku strasnu strunu zategao, i poče se kočiti kao da luk napinje iz kojeg će strela poleteti i srsi strasni u nebo se samo zariti, orošavajući ga penom erosnom i svilom lučevina pola ženskog. Ako već odozgo od Hrista Ljubavnika naniže strele sladosne nema.

„Oče iscelitelju, dajte ruku svoju čudotvornu i ovo čedo razumu povratite i od paklenih muka ga izbavite!“

Prinimi ona ruku njegovu Teodori sestrici svojoj na trbuh, a Agra i Agapia ga otrag gurahu, te on nemajući kud, stavi svoj ruku na tvrdi trbuh kože meke i Teodora prvo uzdahnu, pa otvori oči i osmehnu se; mislio si da će poleteti, ali ona još ne beše u svemu veštica, tek je mutirala, polu-nevina bila.

Čudo!“ povikaše devojke „Miracolo! Proviđenje! Osana! 'Ajte oče još malo, bolestan lek potrebuje! Teratos! (na grč = čudo).“

Tad Teodora uhvati njegovu ruku, prinimi je svojim usnama, prestane se izvijati, no prionu leđima uz tlo, ali joj noge jednako drhtaju i trzahu se i ona ruku iscelitelja žudotvorca prvo na usne, zatim na grudi svoje, pa na trbuh i na kraju je prinese spojnici svih svetova, na pričešće svetom vodom što izvire nadahnuta strašću, onom vlažnom busenju pri izvorištu svih voda živih, da ga prstenuje samom krunom nevinosti, ozračenoj slatkim bolovima devojačkog raspeća, trncima svadbenog venca, bolovima vazda žive, sladostrasne rane Žene-Hrista u ljubavi razapete.....

832, lo junija popodne – Pelagija je u moje papire uvi-
la zelen i odnela na pijacu, Bože daj da domaćica koja ze-
len kupi bude i pismena

...vođahu tako idući naniže prema selu golog kaluđera o povodcu kao četiri Parke tek rođenog o koncu sudbine od koje se ne može ni u pustinju pobeći.

Taj događaj tako razgali devojke, da se smejanju i radosti prepustiše, uz raskalašnosti svih vrsta, kao da su slutile da im se sprema rastanak. A on dođe iznenada, sa neba, odakle ga niko nije očekivao.

3. marta te godine bi pomračenje sunca. Uznemirene ljubaznice se sjatiše oko Lusilije koja i sama neumerena, nekom pomamom nebeskom obuzeta kao da je smak sveta, ljubljaše neštedimice čas jednu čas drugu, dok se one ljubomorne oko nje tiskahu i jadikovahu.

„Dosta, ah, dosta ne oblivaj nas tom istočnom rumeni slave božanske, ne mognemo li izdržati, svu ćemo te zubima raskidati. Ne muči nas, mučiteljice neodoljiva! Ne smeta ti što nas ljubiš ljubavlju neprirodnom, nego nas još zalivaš otrovom ljubomore neizdržive.“

Na to, usred vasionske tmine sunca preminulog, planu Lusilija plemenitim gnevom. Oči njene sinuše, obasjaše prostor, upravi se visoko uzdignuta čela, skoro kriknu:

„Kšćeri moje“, započe ona čuveni Lusilijin prosede o ljubavi, „ljubavi ima raznih vrsta. O tome sam vam nedavno govorila. Prirodne su profane. Samo neprirodna ljubav je najuzvišenija, što je i razumljivo. A na svakoj je utisnut žig božanske zabrane. Znak da je najplemenitijeg kova i da se ne sme krčmiti zabadava, već kao i zlato i srebro i drago kamenje, samo po zaslugama i daru plemenitosti, nama koje smo se zavetom oslobodile zemaljskog tereta začeća, bremenitosti i rađanja. Naše je ljubljenje bezgrešno, beskrajno i bezumno u isti mah. I na našim čelima stoji znak božanske svemoći, blaženstva. Mi smo monahinje erosa. A što se mučenja tiče, koja je to tiranka žrtve svoje okivale takvim uživanjima, kao ja vas?“

„Oprosti, presvetla“, uzdahnuše iskušenice i sunce se pojavi, izroni iz pečata tmine. „Besmo prestravljene da ćeš nas napustiti, kao što nas je i sunce napustilo.“

„Nikada ja vas neću napustiti, kao ni vi mene. Lusilija nisam ja, nego ona najsjajnija zvezda stajačica iznad vaših glava. Kad god poželite sačekajte noć i ja ću biti vaša uteha."

Tu reči i sve ovo vasionsko ljubavno zbivanje, lepa tragika ljubavi tako dirnu iskušenice da se one namah zamonašiše, Agapia uzveši ime prečasne svete Lezbije, a sestra njena odmah je sledeći uze ime druge jedne svetice, pretihe Eulalije, Dobrojezične. Tako napustiće učiteljicu svoju Lusiliju, koja ostade sama, kao žena koju smo sanjali što u snu ostane, a mi na javi – drugu ženu sanjamo.

829. 18 janvar. Noć, Bogojavljanje. Neću ja tebe Lusilija, luče moje, napustiti nikad. Makar i veru promenio, u drugu te priču preveo.

LUSILIJA U ERDELJU,
DEO TREĆI I POSLEDNJI.

Eva je izgubila nevinost u žaru bitke i jarosti rata na granici Erdelja, kada su ruske trupe nadirale prema Pešti, kršeći sve otpore pred sobom, doneseći novu svetlost u mračnu Panoniju.

Ona je došla do same linije koja predvaja svetlo i tamu, zaustavila se na onoj drugoj tamnoj strani, kao uhoda svetlosti, ali je uhvatio strah i nije se usuđivala da pređe granicu dok ne padne noć. Imala je ispod vojničke bluze crveni vuneni šal, on je pekao i žario, bojala se ako je uhvate, poznaće po crvenom šalu ko je i kuda je krenula. Taj šal dobila je od samog Ernea Bereša, (to je sve vreme tvrdila, kasnije sam saznao da je to bila namerna laž da prikrije poreklo šala), njenog komandanta koji se krio u Pešti, u podrumu sa Jevrejima iz Bačke. Ležali su u blatu ona i Antal i Eva je prva predložila da joj uzme nevinost. Sad i ovde, ne želim da umrem pre nego doživim ljubav, rekla je Eva, ionako neću doživeti starost, osećam to. Možda ću danas poginuti. Molim te, Antal.

Eva mu je prinela lice i u hladnoj martovskoj noći, dok se blato skorevalo i ledilo na njihovim kaputima, videla je uplašene oči svog saputnika, osetila zadah njegovog straha i pokajala se za trenutak. On nije bio spreman.

Ali predlog mu je na čas ukinuo strah, to ga je povuklo, počeo je i on da oseća isto. Dopalo mu se. Sve drugo, samo ne strah, a ovo je bilo lepo. Hvatalo ga je sve više, obuzimalo, ponelo. On oseti kožu njenog lica na svom obrazu i strah nestade. Počinjalo je kao nagoveštaj, razbuktavalo se sve dok nije prešlo u pravo ludilo. Ali on se nije pomerao, puštao je Evu da se približi, da preuzme sve u svoje ruke. Bila je hrabra, spretnija nego što se moglo očekivati. S one strane, u daljini, na drugom delu fronta, svu noć su sevale i grmele kaćuše. Očito da ovde neće biti proboj. Bar su oni tako mislili, a i stražar koji je na nekoliko desetina metara dalje hodao mirno po nasipu.

Eva bi u svakoj drugoj prilici vrisnula, ali dim od cigareta iznad nemačkih rovova se i u sumraku mogao nazreti na domet bačenog kamena; zatomljeni, prigušeni vrisak, zatrese njenu utrobu novom vrelinom i ona izgubi razum. Gde neće biti proboj, dogodio se.

Prevarili su se. Upravo je na ovom mestu počeo proboj. Služeći se varkom, Rusi su u toku noći nagomilali sve trupe s one strane reke i u ranu zoru je počelo. Uz urlik eksplozija i preoravanje zemlje, fijuk komada užarenog čelika.

Sad je već mogla da vrisne, ali je to bio urlik dražesti – grmljavina kaćuša i oganj koji se sruči nedaleko od njih, donoseći im miris eksploziva i sprženog mesa.

Ne može to tek tako, režala je kao ranjena zver – a znala je da to može upravo tako. I ponovilo se.

Anamnesis I. Eva je sasvim slučajno srela Antala u holu komiteta: šta je ostalo od naše ljubavi? Onda je bilo opasno, pa smo bili iskreni. Ponoviće se kad bude opasno, zato i želimo da bude opasno da vidimo smrt, ali da je nekako prevarimo.

Nije se javljao na telefon, kao da je zna da ga ona zove. Bilo je opet opasno, ali Antal nije više voleo opasnost. Muškarci gube nevinost samo jednom. Kad postane opasno, rađa se iskrenost. Zahvalnost traje i danas, ali ne njima. Antalu i Atili, već opseni ljubavi.

Anamnesis III. Atila: Koncert posvećen Listu u bioskopu Odeon pretvorenom u Radnički dom kulture. List je isti, još prkosnije otmen. Eva Hercog u haljini koju je poslednji put njena mati obukla 43. u prijemu na Hitler teru. Mnoge ostarele budimpeštanske kurve još se sećaju te haljine, ali ni one ne smeju da se odaju da su tamo bile. Uradiće to tajno, intrigom. Ali Evu su toliko želeli mnogi, da će se tek kada ostanu sami sa sobom setiti osvete tog dekoltea, bolno lepog. Neslobodne treba prvo lečiti lepim i dobrim, pa im tek onda dati vlast. Bereša koji je takođe na koncertu, a voli jedino čardaš, gulaš, isti onaj koji ih je poslao u susret Rusima u operaciju, kako se kasnije ocenilo, krajnje riskantnu i potpuno nepotrebnu, sem možda njemu, iz više razloga u koje Eva tada nije htela da ulazi. Preživela, je ispunila zadatak, doživela sreću kojoj se nije nadala.

Kada sam već isledniku sve rekla, govorila je Eva posle suđenja, mislim da će svi oni koji budu čitali izveštaj, imati više prava da znaju sve o Beati od islednika, ujaka koji je kći svoje sestre žrtvovao vlasti. Ja ću im reći, ne štedeći ni nju ni sebe. Ionako nema više razloga za stid, sve je učinjeno da se on zaboravi. Žena ima pravo da bira između muža i ljubavnika, mladića koji joj izjavljuje ljubav. Ja mislim da se tebi sviđam, ako se varam, zašto mi to ne kažeš. Ako želiš slobodu sa mnom, može ti se dogoditi da je dobiješ bez mene.

Arheologija jednog teksta: analiza.

Anamnesis I. Eva – Violeti Hradecki: Kokodakanje kad se snese jaje. Svi mi smatramo da svet ne postoji ako ga ne ispričamo. Tako rade islednici, pisci memoara, svi lažu jer se boje istinite priče. Tako priče i nastaju, istorija, filozofija, teologija.

Poslednje stvari. Uvek u svemu postoji poslednja stvar, oporuka posle koje ništa ne ostaje. Crveni šal koji sam poklonila Beati, iz šale joj jednom poslala i crveni donji veš obrubljen crnom čipkom. Ispod uniforme sam imala taj donji veš, kad sam izgubila nevinost, istražni sudija je uživao u tome, rođak ali ne krvni srodnik, on me je potajno voleo, ali sad je bilo kasno da me poželi, osećao je sladostrasnu jezu žrtve. Muškarci rado žrtvuju žene. Kad iz bilo kog razloga ne mogu da ih imaju, zbog starosti, straha.

Šta je samo straha iscurelo iz njihovih bešika kad je uhapšen Laslo Rajk. Ko je to mogao očekivati. Mnogo njih je palo, u tom padu je uživao vrhovni Gospodar, na tom strahu je postao još moćniji. Mnogo ih se bilo osililo, sada su znali da je samo jedan siguran i oni koji ga se drže. Proći će mnogo vremena do sledeće pobune.

Šta je s Beatom Fekete? Neki kažu da je poludela, drugi da je smeštena u zatvor-azil blizu ruske granice, negde između Rumunije i Moldavije, gde će posle okončati i Rakoši. Govori se da je ujak-islednik tajno sa njom održavao odnose i da joj je pomogao da pobegne na zapad. To je laž koju je očito on pustio u promet. Bolje je biti svinja, nego podlac. Izvukao se potkazujući sestričinu. Prebacio sumnjivu rođaku na zapad? Nema toga ko se tada usudio da tako nešto uradi. Neću dočekati starost, rekla mi je u poverenju, dan pre nego je nestala. Kad se otac okrenuo protiv kćeri onda nema više ničeg. Koliko im vredi ta vlast? Ponekad pomislim zašto se ti i ja nismo volele, Eva? Bile smo blizu, skoro na granici, zar to ne bi bilo uzbudljiviji Erdelj od onog kad si od Antala izgubila nevinost. Na granici Erdelja, u redu. I ovo bi bila granica između Erdelja i Panonije, zar ne? Na neki način izbegle bismo muškarce i jedna drugu ne bismo izneverile.

Ko je mogao da odoli kad sam u Odeonu na projekciji Vasilise Prekrasne ugledala Atilu, jadnog, u vojničkom šinjelu, njega koji nikad nije bio odeven neukusno. Jedino je zadržao beli svileni šal, ta tkanina je delovala sablasno, jezivi znak kastriranog ljubavnika. Osetila sam samilost prema njemu, ali i vlast – sada sam ja mogla da biram, strašno me je zaintrigiralo kako izgleda Atila-žena. Rukovodioci u loži su smrknuti, ja osećam da je moj osmeh smrtna presuda lepotanu i još razdraganije mu se osmehujem, čak sam mu i diskretno mahnula.

Kada mi žene vladamo, u srećna vremena, na ceni su muške kurve, kad vladaju muškarci, dolazi doba javne prostitucije. Šta može sad da oseća ostarela i skršena muška kurva? Ti si prema njemu osetila nešto drugo i on se uz tebe vezao. Šta je to bilo?

I volela sam ga i mrzela zbog svega što sam od njega propatila. Od toga što me nije primećivao što me je smatrao izgubljenom ženom, gorljivom komunistkinjom? Možda ga je to zaintrigiralo, pobudilo njegovu radoznalost? Ko zna, da je još malo potrajalo predratno vreme, možda bismo se i našli u nekom od hotelskih apartmana, osetila bih njegove parfeme, pomilovala svilenu kosu koja se sada otire u peruti i masti.

Nije to sve – Antala nisu fizički zlostavljali. Bereš mu je rekao..

Anamnesis II. Bereš-Antal: Treba svega da se setiš. Ovde si napisao da je imala svileni donji veš. Pričaj, dok piše, čovek se lakše seti, ali kad govori iskreniji je. Zašto si to rekao, mi od tebe to nismo tražili, to osim tebe niko nije znao, ne bismo mogli proveriti. Možda je pričala Beati, poverila se? Hm, to nam nije palo na pamet. Pričaj. Crveni vuneni šal i gaćice, sa crnim rubom, vez, čipka. Da li ti je rekla otkud joj. Eto i to smo saznali. Poklon od nekog ranijeg ljubavnika, Siveri. Ali bila je nevina, to si tvrdio. Ne, tvrdio sam samo da je bilo krvi. Možda je imala menstruaciju, a bolelo je, bolelo je i mene, bili smo u smrtnom strahu. A kako si sve to mogao videti na smrt uplašen u mraku? Sutradan kad su nas Rusi zarobili i kada smo pokazali propratno pismo i legitimacije, spavali smo na jednom salašu. Ovoga puta nije bilo straha. Ali je krvavljenje bilo obilnije, ponovilo se, bilo je opasno...

Posle ćemo o tome. Koga si znao od njenih rođaka?

Poznavao sam njenog rođaka, Paula Hercoga, on je emigrirao na Zapad pred ruskom armijom, odneo je zlato.Trgovac, između ostalog i ženskim rubljem, ali uglavnom pomodnim časopisima sa zapada. Modni žurnali iz Pariza, Rima, Berlina. Bio je bogat i sada je bogat. Znam da su je sumnjičili da je on upravo i zavrbovao.

„Drugarica Eva je sa zapada primala pošiljke sa donjim vešom" – kako ti to zvuči. Priseti se da li ti je o tome kasnije pričala. Prodala je svoj narod, revoluciju, za paket smrdljivog donjeg veša iz Austrije. Ali mi znamo da je i ona svilena crvena marama koju ste od nje dobili na poklon, poreklom iz Amerike. Dobro je što si to u izveštaju izostavio. Lukav si. Ali eto, mi sve saznamo. Dalje. Šta je bilo sa vešom?

U bolnici nisam video na njoj veš, mora da ga je skinula da ga opere. Od krvi. Dok su oko nje ležale ranjene ruske devojke-vojnici, ona je operisana od rascepa vagine. Odnos u nepodobnim uslovima, rekao je sa smeškom ruski lekar koji je operisao, imamo često takve povrede. Posebno poglavlje ratne hirurgije. Smejao se. Nije pominjao nevinost, nisam imao ni pomisao da je možda sve bilo u toj rani. Bila je zavijena oko kukova u jednu platnenu povesku, mislim na one u koje su Rusi zavijali noge umesto čarapa. Nažuljana grubim platnom, telo joj je bilo naježeno od groznice, u bolnici je bilo hladno, vlažno, mene su bolele kosti, mogu misliti kako je njoj bilo? Sažaljevaš je?

Ti je još uvek voliš? Ili hoćeš da opereš stid što je potkazuješ?

Ne, samo opisujem. Ja sam na češlju izvodio muziku, svirao joj Mađarsku rapsodiju, povremeno je dolazila svesti. Dok se nije usudila da ode na pregled, izgubila je prilično krvi. U stvari, ja sam je odneo u rusku vojnu bolnicu. Otpuštena je sa lažnom dijagnozom, mogla je mahati tim papirom da je ranjena u ratu, ali ga je ona čuvala, ne pokazujući ga nikom i nađen je kod nje pri pretresu, ali sad joj ništa ne koristi. Pogotovu sada, kada znamo koje je prirode rana bila. Nećete to iskoristiti protiv nje?

Obećavamo ti. Časna partijska reč. Kako se osećala kad si je prvi put odbio?

Da li vas to zanima?

Sve moraš reći od toga zavisi tvoj život. Ti si sada moja Šeherezada.

Poludela je, sve je više navaljivala, dok se i moj strah nije pretvorio u pomamu. Nismo ništa osećali, u izmaglici na desetak metara od nas šetao je nemački stražar. Kapa nabijena na uši, valjda je zbog toga manje dobro čuo. Ili ogluveo od eksplozija.

Anamnesis III. Atila: Draga moja Eva, između nogu Violete Hradecki je prošla sva mudrost Mađarske, kao kroz slavoluk. O čemu bi inače razgovarale sve ostarele kurve sveta?

Anamnesis II–III. Bereš-Atila: Ništa što si rekao neće biti zaboravljeno. Nema izostavljanja. Moraćeš to i da napišeš. Kad te Eva Hercog predložila za pomilovanje, ti si već znao njenu staru vezu sa Antalom. Oboje su javno o tome pričali. Nisu krili priču – zašto? Zar se nisu bojali suda javnosti?

Moć. Osetili su moć, bili su previše jaki. Smatrali su da im stid nije potreban, da je to pitanje buržoaskog morala, hipokrizija. Sva njena rodbina je bila blizu samog Lasla Rajka. Ali kad je on pao, niko se više nije bojao Eve Hercog. Osetila je blizinu pada i prva se povukla.

110

Kandidat za člana CK! Niko ko je na vlasti i ne sanja da može pasti i dublje nego je ikada druge gurnuo?

Odnosi li se to i na mene? Dobro, držim se dogovora, sve ti je dozvoljeno da kažeš. Partija će ceniti tvoju iskrenost, Ali ove spise ja prosleđujem dalje. Ja odlučujem šta će dalje ići, a šta ostaje među nama.

Zbog čega niko ne želi da joj pomogne? I oni koje je uzdigla?

Misliš na mene? Ja sam taj koji je podneo tužbu protiv nje. Ali već je sve bilo rešeno. Njena kritika nije bila nimalo naivna, pogodila je tamo gde ona nije želela. Ko bi joj sada pomogao? Eto, ti joj pomažeš. Sve ovo će joj olakšati? Sebe smatraš nemoćnim da joj pomogneš, pa si slobodan da je ukopaš?

Eva je prosto želela da joj se to dogodi, ne zato jer joj je svega bilo dosta, već zato što je ponela moć. Žene su rođene da stradaju za ideju. Zato su suvišne, kada ideja pobedi i kada treba da stradaju drugi. (Anamnesis III – IV, sinhronicitet. Bereš-Atila): Šta sve neće muškarci izmisliti da bi opravdali svoj kukavičluk. Najveći broj sentenci protiv žena izmišljaju oni koji su ih se bojali. Šopenhauer, Vajninger. Kod žena je to iskrenije, one znaju da je moć ta koja uništava. Htela je da doživi jezu kao kad je izgubila nevinost. Kako si tako siguran da se tebi slično neće dogoditi?

Talenat. Životno iskustvo. Hladna glava, ne puštam da me ponese ideja. Kako si ti uspevao sa ženama?

Talenat. Znanje i iskustvo, poznanstva; poznavao sam sve čuvene peštanske porodice i rado bio viđen u njihovim salonima. Hladna glava. Nisam dozvoljavao da me ponese ljubav. I pre svega, znanje. Pre rata je Budimpešta bila najveća škola ljubavi. Ko je ikada čuo za neku veliku ljubav u Pečuju, Segedinu? Slušao sam od detinjstva, obučavale su me kurve visoke klase. Znam šta rade žene kad imaju moć – uništavaju sve oko sebe, želeći strasno da njih neko uništi. Eva je čula nešto o meni od Paula Paljoša, znala je i ranije ko sam, nije bilo žene koja nije znala za mene i moje ljubavne avanture. Većina slavnih žena me je primala u svoje krevete. Povedeš kod njih na čaj svoje mlade ljubavnice, to je rafinman. Sutradan odeš kod nje na razgovor, tražiš savete, ljubav je u krizi, poveriš joj se. Onda primiš prvu lekciju o vođenju ljubavi, uvek je to nova priča. To su bila divna prijateljstva koja ostavljaju pečat u duši i na licu. To svaka iskusnija žena, a svaka je žena iskusna u tome, vidi. Oseti u glasu, gestovima. Mogao sam zavesti ženu u tramvaju, na pločniku, samo ako bih joj se osmehnuo. Eva? Htela je da i to okusi, bio sam u njenoj vlasti, to mi je bila prilika da se izvučem. Žene su radoznale. Nije mi se sviđala na prvi pogled, ali kad sam je upoznao, zavoleo sam je.

Lepo si živeo.

Zbog toga ćete me i likvidirati, revolucija je došla da uzme to sa mog lica i stavi na svoje. Ali varate se, to je magija.

Varaš se ti, ne znaš šta je moć. Magija dolazi sama po sebi. Čovek je magijsko biće po rođenju.

Za magiju su ipak potrebne žene. Dok ih ne prihvatite, nikad nećete uspeti. Kosa bi ti se digla na glavi kad bih ti ispričao šta su sve nekada žene u Pešti mogle, koliko su vladale ljudima. Ako ih ne pustite da to ponovo rade, nikad nećete okusiti život.

Doći će same. Osete gde je moć. Kako ste se upoznali?

Bio sam određen u logor na jugu, Kečkemet, Kiškunhalaš? Nisam ni otišao. Priredili su nam poslednji oproštaj, bioskop Odeon, ruski film, Vasilisa Prekrasna. Hteli su da nas tim filmom otprate u nedođiju. Posetili su nas partijski funkcioneri da nam održe predavanje posle filma. Propaganda za zapadne novinare. Ugledao sam njene oči, široke zenice, osmehnu sam joj se. Bila to moja zadnja nada. Taj osmeh je samo žena mogla da rastumači. Znao sam da se neće smiriti dok svoju moć ne upotrebi za mene. Već sutradan sam sedeo u staroj jevrejskoj kući – bili su to neki Jevreji iz Pečuja koji su samo povremeno boravili u toj kući, s proleća i ponekad zimi, viđao sam osvetljene prozore. „Vama je ova kuća poznata, verovatno?" „Ne, rekao sam, ovde jedino nikad nisam bio." Rekao sam joj da lepo izgleda u ovom salonu, da joj pristaje. Pocrvenela je. Postidela se što je salon tuđ, što vlasnici više nisu živi, ali joj je i laskalo, uzbudila se. Donela je rizling i sipala u dve čaše. Nisu to bile čaše za vino, ona to nije znala. Svidela mi se njena nevinost. Nisam morao više ništa da govorim, puštao sam nju da govori, bila je uhvaćena.

Nisi se bojao da će se naljutiti, napustiti te?

Ne. Bio sam pribran, miran, osećao da umem da držim meru. To je umetnost, to se uči, ali se i nasleđuje. Umetnost da se vodi ljubav je najlepša od svih umeća. Svi misle da znaju da vode ljubav, već ako im se žena dopadne. Ali to nije tačno. Treba se prepustiti osećaju koji ti kaže, šta kada treba reći, šta prećutati, kad treba pustiti ženu da govori. Bio sam ranjiv, u zatvoru sam pao u očajanje, nisam mislio na žene, ispao sam iz forme, jedine žene su bile one koje sam povremeno sanjao. Ali ona me je povratila, bila je u uniformi, elegantnoj, ali dugi vuneni šal ispod, kojem nisam znao svrhu, govorio mi je da ona želi da sazna više o ljubavi nego što joj pruža okolina. Nju je zanimalo šta su me druge žene naučile. Ljubomora na magijske moći drugih. Radoznalost.

Vaša je ideja bila, da nama zatvorenicima, bivšem plemstvu, aristokratiji, govor drži jedna žena. Hteli ste da nas do kraja ponizite, da uživate u našim mukama. Njen govor je bio tako nadahnut da se između nas uspostavilo strujanje, čak simpatija. Svaki govornik zavoli one kojima govori. Čim se pojavila okružena vama, svim tim muškarcima kojima je bila zapovednik, videlo se da zrači. Da ste se pojavili bez nje, bio bih izgubljen. Bili ste obavezni pred njom da se prikazujete kao velikodušni. Muškarci su me oduvek mrzeli. I oni čitaju sa mog lica – svoju bedu. Primetila me je, prepoznala, i oči su joj sinule. Uz sve što je dobila, mogla je imati i mene.

Prekinuo sam je, stavio prst na njena usta, sklonio čašu iz njene ruke, podnimio sam je i podigao u naručje i odneo u spavaću sobu mrtvih Jevreja. Znao sam da je sanjala o tome, gledajući kroz široke prozore kako se ljeska Dunav pod mostovima, ruže proviruju u okviru prozora, puzavica iz dvorišta se dizala do gornjih spratova. Stavio sam je na krevet, seo pored nje i dugo je gledao u oči. Lagano joj milovao lice ne skidajući pogled sa nje. Trebalo je da shvati da smo sami, i da jedino u mene može imati poverenja.

Voleo si je?

Ja volim žene. Ja ih razumem. One to osećaju, znaju. Shvatio sam da je pametna, duboka žena. Njena moć je bledela, prepuštala se mojoj moći. Nisam tog trenutka bio siguran u sebe. Ali to ćutanje je opčinilo. Polako je

113

nestajalo straha. Ona je bila ta koja me je zagrlila. Moraću i to da napišem? Koga to zanima?

Mene. Nećeš to pisati. Ja ću ti napisati šta ćeš pročitati na suđenju. Samo moram sve da znam. I koliko si je dugo gledao?

Ne dugo, ne toliko da pomisli da oklevam. Počeo sam da je skidam, kad sam je dovoljno razgolitio, postidela se, uplašila se da nije dovoljno lepa za mene, zagrlila me je da me spreči da je vidim. Vratio sam je natrag i ponovo stavio prst na usta, dao joj do znanja da ja vodim igru. Pristala je i prepustila se i onda je sve bilo gotovo. Ona je o sebi mislila da je žena novog vremena, ali je ono staro žudela svim srcem. Erne..

Moraš me zvati druže isledniče. Ovo je zvanično

Još neko ovo sluša?

Ne, nastavi.

Bila je iskrena i to je kod žene uzbudljivo, kako se predaje, a ne telo. Čovek voli otvorenu knjigu, kad je spreman da čita. Povratila mi se moć zavođenja. Video sam svoju smrt i sve je od sada nadalje bilo novo. Svi su bili zapanjeni da sam izdvojen, moji novi poznanici, logoraši, nekima se već smrt videla iz očiju, zaudarala iz usta, zatvorski čuvari...

Zaveo si je.

Zavođenje nije umetnost, ni zločin, već igra na život i smrt. Nisam bio svestan igre, nikada, ni kada su mi prilazile dame i prostitutke visokog stila. Uvek sam se bojao, uvek me je vukla prema njima neka jeza. Valjda su to videle u mojim očima i zato sam bio omiljen. Svaka je znala da me može ubiti i ja sam od žene to očekivao – da se plaši za svoj život, a ipak hrli u moj zagrljaj. Žena mora da postane svesna da je bespomoćna, zato muškarac i žena traže samoću, a stoka se pari javno.

Da li sam je voleo? Druže isledniče, čovek ni pečurke ne može da gaji ako ih ne voli. Ja uvek ženama gledam u oči i govorim im ono što one žele da čuju. Čitam. U suštini treba biti hrabar ili izvesti da tako izgledate.

I da izgleda da imate novaca, jer vam niko neće pozajmiti. A novca nikad nisam imao i uvek sam imao dovoljno. U zatvoru su mi pretili da će mi prosvirati metak kroz glavu i baciti me u Dunav ako ne kažem gde je zlato. Zlata, jednostavno nema. Uvek sam bio na granici dugova, uvek sam igrao do kraja. Drago mi je da znam da nemam gde da se vraćam. Ovoga puta je to bilo na život i smrt. I pred njom i pred vama iskreno govorim, kad znam da mi je zadnja prilika, uzbudim se. Bio sam spreman da postanem nevin i čist, da prihvatim ideju, ako bi mi ona to predložila. Nju nisam zanimao kao novopreobraćeni komunist – ona je žudela za onim sjajem koji je nekada videla u meni. Mislim da bih ja bio veoma nezanimljiv komunist.

Slažem se.

Sledeći put na sastanak sam došao vedar – bio sam na slobodi. Vodio sam ljubav sa njom iz čiste zahvalnosti. Shvatila je da sa mnom uvek biva drugačije, žena voli da sebe vidi čistu pre svakog zagrljaja. Mene voli da se seća. I roditelji vole decu jer vide sebe čistima, kakvi su nekad bili. Ona je bila dete, jer je verovala onome što sam joj govorio.

Ono što sam u prvom izveštaju napisao bilo je ono što sam mislio da se od mene traži. Mogu to da zamenim. Eva nije bila zavedena, ona je bila zavodnica, ali me je prisilila da igram ulogu.

Sada izgleda govoriš istinu?

Hoće li to pomoći da me na vrate u logor?

Hoće. Ne sasvim, to od mene ne zavisi, predložiću. Ti si bio i ostao neprijatelj, ljudi se sećaju kako si ismevao ideju socijalizma gde god si stigao.

Vi ne znate Budimpeštu od pre rata. Za mene je socijalizam bio samo melanholični kolorit na fonu razočaranja neuspešnih. Ne manje, samo to nikad niste bележili, ismevao sam katoličke sveštenike. Zbog hipokrizije, nemoći, što ispada na isto. Siromaštvo me nikad nije privlačilo. Voleo sam sjaj, bogatstvo, obilje. Više me je uzbuđivalo opalo lišće i jesenje veče na nekom mostu, od vere u čoveka. Nikad se nisam osetio pozvanim da menjam svet, da pretvaram jesen u proleće, premda sam više voleo ovo drugo. Nisam nikad uvećavao ničiju bedu, ali nijednom prosjaku nikad nisam udelio.

Živeo sam u sjaju i raskoši zahvaljujući ženama, tenisu i muzici. Stvari koje sam voleo vraćale su mi dug. Udariš loptu, ona se vrati. Uništiš ženu, ona trči za tobom. Udariš dirku, prevučeš gudalom preko strune...Umetnost je proizišla iz nasilja. Moraš silovati telo da bi iz njega izvukao dušu. Nema u ljubavi dobrovoljnih priloga. Slušaš muziku i ne možeš da je izvučeš iz ušiju. Ni na kraj pameti mi nije padalo da život ostavim na barikadi ili oslobađam monahinje iz samostana. Život ima malo samilosti i ja sam to prihvatao.

Bioskop Odeon?

To je već bila islužena prostitutka, odavno je postojala ideja da se pretvori u nešto drugo. Sedišta postavljena somotom su već bila iskrzana, klozeti neizbrisivo zaudaraju, kiselkast vonj jeftinog duvana, bar iznad kojeg je odjednom osvanula Staljinova slika, a iščezla ogledala sa skramom mešavine parfema. Ni svetlo više nije bilo onako staro, vojničke potpetice su ga prigušivale, odzvanjajući po mermeru, u holu gde su nekad u raskoši svilenih haljina prosijavali nežni dekoltei. Pod rukom klizi bunda i nekako se zadrži na ramenima, kao da žudi da sklizne. Kada sam video crveni šal, ponadao sam se da ću biti spašen. Komitet, kandidati, muške kurve bez stila; ja sam nju ugledao kao Beatriče koja će me izvesti napolje. Nada je jača od razuma i samo zahvaljujući njoj ostao sam u životu. Verovao sam samo u ono što mi žene daju – novac, ugled, veze. Bilo je tu sitnica koje se podrazumevaju – pozlaćene tabakere njihovih muževa, neki prsten, sat. Sve žene koje imaju bogate muževe daruju svoje ljubavnike. Ima tu neke osvete, ali i erotike. Poniziti onog kog volite novcem onoga kog prezirete, u maloj meri prema obojici osećajući ljubav zbog prevare kojima ih ponižavate. Ima u tome čari zavođenja.

Odbio si u početku njenu ponudu.

Čar rizika. U pokeru, ako hoćete više, ne smete prihvatiti prvi poziv. Osećanje ponosa se glumi kao i sva druga osećanja. Kad volimo žene, nema pravog ponosa. Svaka igra može biti opasna ako se vodi kako ne treba. Znao sam ljubavnike koji su godinama mučili jedno drugo, ne prepuštajući se telesnom uživanju. Voleli su se do ludila. To je posebno otkriće koje mlade i neiskusne vodi u zajedničko samoubistvo. Nikad nije sve u snošaju, sva čar ljubavi je u igri, zavođenju.

Kako je to ona primila?

Iskreno je bila iznenađena. Mislim da je tek tada obuzelo, do panike. Počela je da vuče nervozne, neoprezne poteze, premda je bila svesna da je sve samo ljubavna igra i upravo zbog toga. Mislim da je prvi put doživela tako nešto. To je ono što je od mene želela. Da tek sada zapravo izgubi nevinost. Ta igra se vodi nadahnućem, iskustvo se ne pamti, ali je tu.

I sve vreme si znao šta radiš?

I da i ne. Nije to ratna taktika gde znate gde su vam jedinice i kakav je plan napada. Ako i tamo bilo ko može da predvidi šta će se desiti. Igra se na iznenađenje, trudite da budete spretniji, lukaviji, brži, ali pre svega da se sretnete sa neprijateljem, da vidite da li vas nadilazi. Ima i u porazu neke erotike. Sav taj ritual sa predavanjem sablji, obeležja časti, sve je to erotika, priznanje pobedniku. Otkrivate nešto što sami niste znali. Nekad i velike greške se praštaju, a nekad male vode do raskida. Hteo sam u njoj da probudim to znanje, sve je bilo novo, svako vođenje ljubavi je uvek novost, nikad do tada nisam bio u jadnijoj ulozi, a ipak. Povređena sujeta, spremnost da ponovo živim, želja da se spasim od smrti, uzbudile su me kao nikad. Nastavili smo igru, ja hladnokrvan i neumoljiv ljubavnik, ona strasna i raspamećena ljubavnica. Bila je neoprezna i uživala je u tome. Povorila mi se kao na granici prema Erdelju... Isto kao i onda. Opasno i lepo.

Ponosiš se time?

Ne. Prihvatam.

Kad tako govoriš, imam utisak da se više ne bojiš. Rizikuješ?

To brzo prođe. Ne bih da mi se to uzme za zlo. Kad se osvestiš od zanosa obično su ti usta suva.

Po tebi ona je u ljubavi bila amater.

Nekad je to preimućstvo, ako ne i redovno. Nijedno živo biće u ljubavi nije amater.To je bilo samo spolja. Iznutra, žena kada se probudi, više zna kada je neiskusna, nego kasnije kad kalkuliše, prebrojava prste kojima će vas uhvatiti. Smrt zbog ljubavi je vrhunac umeća. To mogu samo amateri i stvarni, nadahnuti umetnici. Priznajem da nisam bio nikad blizu te granice. Ja sam ipak proračunat. Šta dobijam, a šta gubim. I to mi je uvek bilo žao. Zbog toga sam uvek pomalo bio gnevan na žene. Muška kurva. Nijedna me nije toliko uhvatila da bih joj ponudio brak. Priznajem, i sada se nadam da ćete mi progledati kroz prste. Ja sam kukavica i to me boli, ali me i raduje. Pokušavam da glumim, a znam da vi to znate. Očekujem neku naklonost, znam da nemate računa za tako nešto i da nikom ne pada na pamet.

Imamo tvoju prvu izjavu, opis vašeg prvog sastanka. Da ti pustimo da se podsetiš?

Radije ne bih. Pre bih da to ispričam ponovo. Došla su kola po mene, pretrnuo sam. Izbacili su me u uskoj uličici negde u blizini Parlamenta. Bilo je dva sata noću, poverovao sam da će me likvidirati. Onda se pojavila ona. Prilazila mi je polako, uplašena bar koliko ja. Cigaretu? Upitala je i pružila mi jednu od mojih tabakera. Potrudila se da dođe do njih, kasnije mi je priznala da su je zanimale sve moje stvari koje su zaplenjene ležale u opštem magacinu, dok nisu razgrabljene. Unutra nisu bile moje cigarete, njih su već odavno popušili oni koji su oduzeli moje stvari, ali i ove nisu bile ništa lošije – američke. Zapalio sam, ponudio i nju, odbila je. Sedeli smo u gluvo doba noći na obali Dunava, ja još uvek u zatvorskoj odeći, ona u uniformi oficira sovjetske armije. Da pokaže kako vlada. Poželela je da me vidi raspetog pre nego me rastrgne. Kod ljubavi se granica između nevine žudnje i želje za nasiljem često ne vidi najjasnije. Najlepši trenutak u ljubavi je kad žena shvati da ti je postala ljubavnica. To se događa daleko pre zagrljaja. Neočekivano naglo, kada je ostaviš da čeka i gledaš je. Voleo sam da posmatram njihova lica u trenutku kad to shvate. Iznenađena, ni sama ne može da veruje. a odjednom toliko toga. Ništa manje nije lep ni trenutak kad joj saopštite da je napuštate. Sve je to erotska igra.

Koješta, to nije bila nikakva erotska čistota. To je bila histerija. Ti si bio samo svedok njenom padu. Ti nam trebaš kao svedok, a ne kao saučesnik. Ti izgleda uopšte ne veruješ da ćeš se spasiti?

Da budem iskren, ne.

Vidim. Zbog toga govoriš sve ove sitnice. Da ne propadne sa tobom, ne ode niz Dunav.

Revolucija je ljubav – pisala je u Nepsabadšagu, i Ferenc je morao da je opomene. Revolucija je trebalo da nahrani radnike, a ne da preživele budimpeštanske zavodnike snabdeva kurvama novog doba.

To ti znaš bolje od mene. To je tako. To je zakon.

Nismo ništa govorili, sve je bilo jasno među nama. Bio sam umoran, gladan, uplašen, jadan. Ona je to znala. Ustala je i uzela me za ruku, kao dete. Tek tada sam primetio da sedimo pored crne limuzine. Opel. Otvorila je vrata i pozvala me unutra. Već mi je bilo lakše, snaga mi se povratila. Bilo je hladno, na mom sakou nije bilo dugmadi, pridržavao sam njegove krajeve drhteći od hladnoće, ona me je ogrnula svojim šinjelom.

Naravno, nije znala da vozi kola. Naručila ih je i naredila da ih ostave. Morao sam ja. Posle toliko vremena. Ali to je kao vođenje ljubavi – nikad se ne zaboravlja.

Papa Moric. Tako je stajalo na mesinganoj pločici, na vratima ukrašenim kovanim gvožđem i uokvirenim puzavicom. Unutra miris skupih cigareta, staklene vitrine, posuđe, servisi. Sve u neredu, kao da je neko pokušao da to ukrade, pa je vraćeno. Tu je bila nemačka komanda kvarta.

To ne ide svesno, to postaje svesno tek kad se prisećam. Čitava ova priča je povratak mojih pokradenih vlastitih trenutaka. Smrt ih je uzela na revers. Ali puno toga se razgrabi u vreme kad je vladarica puno zauzeta. Tek sad znam koliko sam neke žene voleo, a druge nisam. Metak u čelo. Pamtim svaku sitnicu, laticu jedne hrizanteme – postarala se da ih bude čitav buket u vazi, u stanu koji nije bio njen. Ljubičasta hrizantema i zrak svetlosti sa ulične svetiljke. Prosto je probio laticu. Na ormanu baštenski šešir gospođe Moric. U čašama čaj boje starog zlata. Pomerila se, stala pred svetlost, okrenuta meni leđima. Mirna, sabrana. Onda se naglo okrenula i pogledala me u oči. Ispitivala me. I žene i islednici pogađaju koliko iskrenosti ima u predavanju.

Koješta.

Dunav, preko puta Buda u izmaglici hladne jesenje noći. Unutra je bilo toplo, gorela je kaljeva peć, sazidana u prekrasnim keramičkim pločicama smeđe boje. Pogledao sam u Dunav i prvo što sam pomislio – moglo je biti obrnuto. Da sam slušao svoj strah, sada bi trebalo da ovu kuću gledam kroz vodu sa dna reke, razbijenog potiljka. Kao da sam u tami nazirao na brdu preko puta, onu kuću u kojoj sam uhapšen. Imao sam u ruci kovertu sa nešto novaca i bonove za ishranu u javnom restoranu rezervisanom za članove partije. Poslednji dar jedne od mojih ljubavnica, koja se pre od mene snašla. Nisam je izdao, njeno ime je bilo na koverti koju su mi oduzeli. Koliko znam, ništa joj se nije desilo, kurve su nedodirljive, one su moje večito blago i jedini oslonac. Gorela je plinska svetiljka, ja sam je ugasio. Stajao sam pred zavesom i gledao kroz prozor.

Anamnesis IV. Violeta. Dolazio je Atila. Vrata su se otvorila, iako sam bila sigurna da sam zaključala. Stajala sam pored prozora i gledala na Dunav kao da s one strane nekog očekujem da mi se javi sa nekog od onih prozora gde su bili tako brojni moji ljubavnici. Nisam očekivala da će doći kroz vrata, premda je to bilo logičnije. Okrenula sam se i uhvatila stakleni pritiskivač za papir. Ne, viknuo je, i poznala sam ga, njegov perverzni, zavodnički osmeh. Uzeo pritiskivač iz moje ruke i prošaptao:

Zatvorenik Atila Ujhazi, zatočenik vašeg srca, javlja se na redovnu prozivku. Ponestalo mi je bonova za ishranu.

Bila sam ljuta na njega, ali ipak sve je prošlo. Kako sam bila sklona tom skotu! Svaki njegov dodir umeo je da u ženi probudi osećaj da je žena. Kad je bio prvi put kod mene, bio je još dečak, mucao je, za nedelju dana bio je već osioni ljubavnik, potkradao me je. Sitnice, uglavnom novac. Volela sam oduvek pakosti mojih ljubavnika. On je bio dete i ostao je za mene takav. Da se sada pojavi šta bi mu rekla?

Ne znam. Ili bih ćutala ili bismo vodili običan razgovor kao dva stara poznanika. Možda i prijatelja. Ako me je ujak žrtvovao za ljubav nešto više vlasti, zašto na njega da se ljutim koji me je prodao da spase život. „Kurve uvek prežive" to je bila njegova deviza, odnosila se podjednako koliko na nas toliko na njega. U potaji smo još uvek u njega zaljubljene, jer volimo sebe kakve smo nekad bile, zar ne?

Pitao je za tebe. Zamolio me je da vam ugovorim sastanak.

Ne. Ne bih. Bojim se da ipak ja više nisam onoliko luda. Nažalost. Mislim da bi mi sada prijala jedna poštena komunistička samokritika. Ima u tome nekog zadovoljstva.

Anamnesis III. Atila: Dragi moj, šta će biti s nama, rekla mi je jednom, ne znam. Iskreno ne žalim što neću doživeti starost. Osećam to. Tu si veštiji.

Anamnesis I. Eva: Držala sam govor u Odeonu kad sam te ugledala govorila sam samo tebi. Ostali su ovi mi slili da govorim njima. Jedina sam ja znala da su oni već svi mrtvi, zato sam se grčevito trudila tebe da izdvojim.

Anamnesis III. Atila: Mislio sam da ima groznicu, tuberkulozu. Posle pobede ih je zahvatilo kao besnilo. Iza rata još dugo traje ratnički bes. Predložili su je za Kandidata, osetila je kao da je žrtvuju. Njen stric, sva rodbina, išli su za njom kao da je vode na žrtvenik. Ona je osećala da to nije za nju, ali je neka sila vukla napred i nije mogla da odustane. To je bila porodična zavera. Evi će najviše verovati, mi idemo za njom dok ona na padne. A tada ćemo biti previše blizu vrha.

Stigao je taj čuveni paket iz Amerike. Svileni donji veš za Kandidata za CK.

Niko ne bi znao da nije bilo tebe.

Treba li da se osećam zbog toga krivim? Saznalo bi se. Imala je prijateljice, njima je poklonila. Da li se ovo snima?

Ne znam.

Nosio sam joj cveće, proglasili su to za buržoaske trikove. Cveće je kao molba za privilegije. Ko donosi cveće podseća ženu na izgubljenu nevinost.

I ne treba da snimate. Imate mene. Da ste snimali kamerom ne biste mogli znati ni pola. Šta se napolju događa?

Filmska vrpca je puka pornografija. Ništa nisam krio. Ne bojim se večnih muka, bojim se ovovremenih. Čovek se nada da će mu gore Bog oprostiti, za ljude zna da neće imati milosti.

Anamnesis IV. Violeta -Evi: Bio je tako drag. Posle ljubavi nije me napuštao, stavio bi glavu u krilo. Kako je mogao sve to da zaboravi? Nije zaboravio. Možda je mislio na onu koja ga je tome naučila. Ne ostavljati ženu kad joj je najteže, jer joj je najlepše. Kad je napusti poslednje do čega drži. Znači li to da sam ja sa njim vodila ljubav, a ti nas osvetljavala? Mi se volimo, zar ne? – Kasno nam je za lezbejstvo, omatorila sam, ružna. Ali razlog više da budemo prijateljice. Našu sudbinu je odredila neka ljubavna magija kojoj smo se prepuštale u trenucima najveće sreće. I te su uspomene najživlje. Poslednje stvari. Svim ljudima na svetu se događaju poslednje stvari. I starost je strast. Mi smo izgubile sve što smo posedovale, ali nismo uspomene. U njima smo mlađe. Drugi su dobili što nikad nisu imali, ali ne vidim da su srećni. Već sviće. Nismo li mi dame, bar toliko da nas jutro ne zatekne u kuhinji.

Anamnesis II–III. Bereš-Atila. Jutro je, umorni smo, moram sve ovo da prepišem, da načinim izveštaj i predam ga do podne. Nisam ja tvoj islednik. Ima neko kome ja podnosim račune.

Imao sam samo još nju, uplašio sam se da za mene više neće biti žena. Sve su otišle tamo gde je bila moć. Njih ona neodoljivo privlači, nije im zameriti. Ko je treći u našoj priči?

To ti ne mogu reći. Neko ko sigurno neće razumeti to što govoriš. Za njega ćeš morati da ispričaš drugu priču. Da optužiš Evu jasno i onoliko koliko im treba. Mnogo više nego je bilo. I manje, ali opasnije. Daćeš u njeno ime sve od nje.

Primetio sam u njenom pogledu moju poslednju nadu. Zatvor izoštri čula, sve ono što je čovek ikad naučio, sada mu postaje dvostruko jasnije. Način na koji je sklopila usta, skrenula pogled, pa ga ponovo uperila u mene. Onda sam ugledao vas kako žmirite. Nešto ste slutili, ali vama je pažnja bila na drugoj strani: Motrili ste jedan drugog.

Nema dakle priče o večnoj ljubavi.

To se ne može objasniti. U trenutku kad ste sa ženom, verujete da je to poslednji put i zauvek. Inače i niste zanimljivi. I bilo bi tako, da je ta žena jedina na svetu. Smešno. Ona je nabavljala karte za pozorište, kakvo – takvo, proradila je i Opera. Opet Atila Ujhazi u foajeu! Tu su sve one već pomalo vremešne peštanske kurve, sa istim haljinama sa dočeka Ajhmana i vrpcama donetim kao trofeji iz Francuske. Sve muške i ženske kurve ponovo na okupu. Ali tu su i nove, skromnije, svetački ozbiljne. Bio sam srećan što sve lepe žene ne mogu tek tako da iščeznu. Pogibija i progona je bilo više među muškarcima. Brisani prostor. Godine rata su učinile svoje, ali šarm je čarobna stvar, samo mu ime kaže. Mnoge su bile zanosnije posle pretrpljenih strahova od osvetnika – oslobodioca. Oreol moći i bogatstva, ukus pri oblačenju. Bile su spremne da sebe stave u drugi plan, da ustupe prvo mesto drugaricama. Uglavnom podebelim i drusnim aktivistkinjama. Podavale su se svakoj moći koja je bila podesna za brak.To je bio prvi ešalon koji je ublažio revolucionarnu oštricu uperenu k nama. Kad se bude pisala istorija revolucije, mora biti mesta i za žene u njoj. Treći ešalon odbrane Budimpešte koji je bukvalno položio svoje živote. One koje su omekšavale bes, a to je ženin talenat.

Jednom smo otišli kolima u Pečuj. Htela je da potraži Moricove. Ne znam šta joj je to trebalo. Kuća koju su nam pokazali bila je prepuna ljudi. Nijednog Jevrejina među njima. Opustošeno, odneto ili skriveno od drugih koji su skrivali šta je ko opljačkao. Moricovi se nisu vratili, ostali su svi od reda. Vratili smo se natrag, pili čaj iz porcelana, onda je ona sve oprala, pospremila, uzela blok i olovku i počela da zapisuje. Pomozi, rekla je. Od sutra će ovo biti Starački dom. Moj aristokratski egoizam je bio razoružan. Osetio sam vonj ruskih čizama, vojničke šapke.

Sredila je da ponovo dobijem svoj stan. Sve je bilo na mestu, niko se nije potrudio ni bravu da izmeni, ključ koji sam ostavio na gornjoj polici ormana još je bio tu. Nisu zaključavali, toliko su bili sigurni u sebe. Već su podobijali nove stanove, nove žene, nove ljubavnice. Dolazili su i dalje, ne obraćajući pažnju na mene, u mom stanu držali sastanke do doboko u noć, ostavljajući u salonu gomilu opušaka, namerno nedopijene flaše pića. Da me ponize. Nisam se dao polakomiti, ne iz ponosa, sumnjao sam da mokre u flaše da bi me ismejali. Živeli su kao neka sekta, jedni pred drugima su bili uljudni, moralno uzvišeni, ne bez dirljivog patosa, u suštini varvari, brutalni, bahati i pakosni. Onda je Eva počela da dolazi kod mene i oni su nestali. Bila je to dobra vila jednom drvenom Pinokiju i ja sam se upravo tako osećao. Kao da me neko rađa iz drveta. Ko je spavao u mom krevetu, u šali sam pitao Evu, izigravajući patuljka iz bajke, ko je jeo iz mojih tanjira. Nije palila svetlo kad je odlazila, samo bi me poljubila, misleći da spavam i kad bih hteo da je zagrlim, izvijala se, još je bila u uniformi koju je skinula tek nekoliko meseci kasnije. Ovoga puta je Snežana bila ta koja koristi moje kupatilo, briše se mojim peškirom. Osetio sam neku finu tugu rađanja. Surova revolucionarna bajka, puna iznenađenja, jedno lepo i za mene. Bio sam za nekog princ iz bajke. Poslala mi je ženu da sprema. Na prvi pogled sam shvatio da nikad nije bila kućna pomoćnica, ali nisam rekao. Nisam je ništa pitao, kad bi otišla, ispravljao sam njene greške. Samo se jednom osmehnula, onako dirljivo, saučesnički kad jer brisala prašinu sa jednog porcelanskog Amora kojeg su oni aktivisti doneli odnekud. Obrisala je prašinu i bacila ga u đubre. Znala je da tu ne pripada, da bi i moja mama uradila nešto slično. Ali odmah se uozbiljila, izgleda da se dobro nagutala straha. Prihvatila je ruski samovar, takođe poklon prethodnika i pažljivo ga stavila na policu između Majsenu i Herendija.

Prvi dan sam morao ja za njima da spremam. Moje ploče su sve bile na mestu, ali preko njih, preko Lista, Bartoka, Mocarta, prebačene sivozelene i mrke dugačke ruske vojničke gaće. U toplom stanu u prolećnom danu, s jedne strane sobe stajao je gramofon, Eva i ja smo igrali valcer, u uglu su se pušile prljave gomile muškog donjeg veša. Nisu ga prali, samo su ga odbacivali. Bilo mi je tako lepo, osećao sam da joj ruke podrhtavaju, da joj se dlanovi znoje, srce udara, tmulo, ravnomerno, sporo ali puno. Vodili smo ljubav na podu, bio je daleko čistiji od kreveta, kupatila punom peškira sa monogramima koje nisu mogli da rastumače. Sestra Noemi, tetka Ester, baka Suzan. Ja. NU, EU, SU. AU. Posle ručka očistili smo stan, ona je pronašla na dnu ormana još neiskorišćenu posteljinu, bila je ustajala, ali čista od svih drugih mirisa. Nije znala da je to posteljina koju je posle smrti mog oca mama spakovala da je niko više ne koristi. Možda sam ja u njoj začet, bio je to ručni rad moje bake, mamin miraz. Orman se konačno otvorio, tajna je oskrnavljena, zavet prekršen. Bio je to njen orman ali i moj – uspomene, fotografije i dagerotipije iz prošlog i ovog veka, irigator za ispiranje vagine, bakina svečana haljina, lupa za čitanje, amrel za sunčane jesenje dane, ogrtač od batista, tople vunene papuče s ušivcima od zečije kože kao dva uveta – uspomena sa Balatona, duge svilene muške čarape, dopisnice sa Jadrana, Opatije, mamino već uvelo lice koje se ogleda u izlogu prodavnice nameštaja KORON i jedna tiha jedva čujna rečenica : „Ovaj nameštaj ću ti kupiti kad se budeš ženio."

Kao da ću ja, dečak od sedam godina, to uraditi već sutra, a ona večita, nameštaj će ostati tu neprodat, uvek isti starinski bidermajer, prekrivači od somota, svila kao sedef školjke, između tela dveju žena u koje sam iskreno bio zaljubljen, moje majke i učiteljice baleta Klare Fišteš -Ilješ, čije sam časove baleta posećivao u stanju jedinog verskog zanosa, posmatrajući devojčice koje se skidaju i strogo i prezrivo me seku pogledom kao uljeza kojeg se ne mogu otarasiti. I kad su odrasle i kad su mi neke od njih i odgovorile na ljubav, uvek sam imao utisak te lako podnoseće nevolje od koje zavisi njihova karijera.

Moja sestra Noemi je odbegla sa svojim verenikom Rudijem Virtenbergom koji je bio potomak velikog maga i varalice Valenštajna, astrologa i zavodnika svih evropskih poleguša, taj keplerovski providan, nebeski nevin dečak poreklom sa neke reke u blizini Štutgarta, ime gradića nisam zapamtio (Goepingen?), bio je žrtva, a ne zavodnik. Moja ga je sestra ugrabila i pobegla sa njim naselivši se u kući njegovog oca, trgovca kožom i ženskim bundama, koji je očaran svojom novom snajom prozirnih bademastih očiju, mešavinom nemačkih i ugarskih plemića i prostitutki, napustio kuću i preselio se u staru kolibu na brdu, bežeći od iskušenja. Ali od zavodljive snaje nije mogao pobeći, njena slika u bundi njegove fabrike, lebdela mu je pred očima umnožena u hiljadama primeraka, svakog dana odlazeći u razne luksuzne časopise, sa natpisom *Valenštajn bunde,* tik ispod uskih, bademastih, zanosno sklopljenih očiju i lako razvučenih mekih usnica. Slika je došla privučena svojim odrazom, do same kolibe-kancelarije i drsko mu se obratila na mađarsko-nemačkom: zar ne vidite oče, da vam radnici nemaju šta da jedu? zagrmela je jednog dana moja sestra, izigravajući revolucionarnog svetitelja, pokupila mu novac i otperjala sa Rudijem u Ameriku. Piše mi otud, ide im dobro, prodaju antikvitete mađarske i poljske emigracije. Ruske, svih vrsta.

Nije ti nikad pričala otkud joj crveni šal? Zašto ga je tako ljubomorno čuvala?

Uspomena na boravak u Moskvi. Hotel *Lux,* sastanak Kominterne. Šetali su jedne septembarske večeri Crvenim trgom, ona i jedan jugoslovenski komunista, Gorkijev imenjak, samo što je ovom ime bilo pravo. Ona devojčurak, sva u zanosu, on zreo čovek, obrazovan i mudar. Govorio je nekoliko jezika, profesor matematike. Slušala ga je zaneseno, zaljubljena, u jednom času je uzdrhtala. On je odvio crveni šal sa svog vrata i omotao ga oko njenog.

Posle je nestao. Nikad ga više nije videla. Saznala je da je stradao u čistki. Ali šal je sačuvala za uspomenu. Tvrdila je da ga je dobila od Ernea Bereša. Kad je izgubila nevinost, njime je obrisala krv i pružila drugi kraj Antalu da se i on obriše. „Crveno je, neće se primetiti", rekla je i nasmejala se. U tom času se više ničeg nije bojala. „Ostaće uspomena na krv nevinosti" rekla je jednom kasnije, dopunjavajući sentencu sa fronta.

Nemojte misliti da i mene nisu hvatale plemenite revolucionarne ideje. Kada sam postajao svestan da moji siromašni prijatelji dolaze na časove gladni, da neki od njih imaju mlađe sestre već obolele od tuberkuloze, a nisu mesecima videle mleko i koje su, kad bih dolazio kod njih u posetu, moje čarape gledale sa žudnjom kojom se gledaju ikone, i razlika između njihovih sirotinjskih postelja u prostorijama u kojima se i kuvalo i spavalo, i spavaće KONFORTI sobe, glad sivih očiju koje je mogla da razgali slika jednog skupljeg dugmeta za košulju, proganjala me je veoma rano. Ali ja sam sa njima delio užinu, nalazio im časove gramatike i istorije kod bolje stojećih porodica. Ja sam menjao svet, nisam hteo da ga rušim. Svi koji su videli bedu mađarske sirotinje, očekivali su da će sve to rešiti neko drugi. Mnogima je laknulo kad je došla vlast koja ih je naterala da oni to budu. Ali im je oduzela moć da nešto urade. Ni ja se nikad ne bih odrekao moje bake sa dagerotipije, nevinih uspomena koje nikom nisu mogle da ublaže bedu. Nemojte misliti da niko od nas u duši nije bio socijalista. Samo što su neki uspevali da to pridave, dripaca uvek ima u svim slojevima. Uspomene na dobro i lepo, obavezivale bi me da činim dobro i lepo. Da je potrajalo, možda bih bio dobar ministar. Bog nije hteo da vidi zlo, ja sam pristao da ga vidim. Nismo svi bili spahije, zelenaši, vlasnici fabrika koje su pretvarale jučerašnje seljake u današnju sirotinju, dvostruka beda daleko od bulevar Andraš koji se takmičio s pariskim Jelisejskim poljima.

Nije bižuterija moje sestre upropastila proletarijat Čepela koji je jedva čekao da siđe u jezgro grada iz kojeg će uskoro biti isteran i vraćen natrag. Voleo sam kod Eve jakobinsku odlučnost i čistotu – ko tome može da odoli. Svaki čovek želi da bude plemenit, pošten, dobar- on najčešće mora da se bori protiv te svoje želje da ga ne odvede u propast, da bi preživeo. Pravedni bes i strogost jednog deteta odlično se slažu sa ljubavnim igrama – to slomiti, privesti ženu nežnosti od koje se upravo zbog nje odvojila.

Odveo sam sestru jednog mog siromašnog druga u Operu. Zakleo sam se da će sve biti čisto. Održao sam reč. Želeo sam da se čuje o meni kao otmenom gospodinu koji zaslužuje poštovanje i poverenje. Zaljubila se tako žestoko da je odbolovala. Pomalo se bojim da mi muškarci nikad nećemo postati svesni ljubavi žena prema nama.

Uskratio sam tom devojčetu pravu prvu ljubav, ko zna kakvo je razočarenje doživela sa svojim mužem, mrzovljnim frustriranim, bubuljičavim konobarom, tramvajdžijom ... ili možda i nije bio takav, svejedno. Lišavajući je ljubavi, povredio sam je više od svega, a upravo sam mislio da činim dobro delo. Da li sam pogrešio, da li je trebalo da budem nepošten i pružim jednom siromašnom devojčetu ono što je sanjala? Zašto sam je ostavio bez toga? Nije li poštenje u životu bezdušno, nekad prema sebi, nekad prema drugom, najčešće oboje. Bio je to egoistički čin, premda sam ja mislio da je plemenita žrtva. Nisam mislio samo na nju, to je bio izgovor, ja sam je želeo, upravo sa njom, koja bi mi se bez ograda predala, želeo sam da vodim ljubav. Oboma sam naneo nepravdu, moj postupak se sviđeo jedino drugima, ne nama. I to za kratko, jer su i oni shvatuili da sam im uvredio sestru. Nisu više hteli da se druže sa mnom. Sve me je to sludilo do te mere da sam se vratio jedinoj ženi koja me je uvek razumela – Gaby Kemenji. Popodne na Margit Sigetu, ljubičasti šešir od pletenog biljnog vlakna, senka koja pada na lice jedne otmene žene, bilo je dovoljno da zaboravim kajanje. Kroz rupice na obodu šešira padale su male svetlosne pege na jedno neverovatno belo i nežno lice, maleni nos, strastvene usne. Sve je to bio panoptikum, kaleidoskop novih osećanja i ja sam nežno poljubio njenu ruku, ona nije razumela šta se događa, osmehnula se začuđeno – ja sam je plaćao i nije bilo do mene da nudim još i nežnost. Odmahnula je glavom i sklopila oči u znak prekora. Nije želela da se u nju zaljubim. Ali je stekla u mene poverenje i predavala mi se sa ne malim zanosom. Ljubio sam njene dlanove, uši, smejala se sve dok nije uzbuđena počela da guta pljuvačku i zabacuje oči u stranu kao da se brani. To nije htela, a dogodilo joj se.

Bio sam voljen muškarac, to je sjajan osećaj. Dovoljno je samo da se pojavite na ulici i žene koje vas nikad nisu videle, odmah shvate s kim imaju posla. One vide sve detalje kao da imaju stotinu očiju odjednom.

Kod žene je najlepše kad shvatite da tela u stvari i nema, da je ono samo koprena. Radost dolazi iznutra.

I sa Evom je bilo isto. Poželeo sam u jednom trenutku da se vratim u zatvor, postideo sam se svoje računice. I upravo tada sam shvatio da me stid spašava – dakle nije bila samo računica.

Odveo sam je na prijem kod Violete Hradecki koja je i dalje bila primadona, grofica Marica. Ali uskoro je njen muž uhapšen, a Violeta se našla iza granice. Neobjašnjivo kako, ni ptica nije mogla da proleti, a primadona peštanske opere pobegla na Zapad! To se, čujem, pripisuje Evi.

Kada je čovek srećan, svet se izmeni. Eva je iskreno živela u iluziji da su oko nje sve sami anđeli, da su ljudi izmenili prirodu, a privremeno je tako i izgledalo. Niko ne može da ospori da su ljudi poverovali u preobražaj, posle ratnih strahota i nemaštine, sa kojom se nova vlast herojski nosila. Buržoazija, kako su nas nazivali, osećala je grižu savesti, nešto straha, retki su i dalje tajno prkosili. Bolesni su ozdravili, ružni prolepšali, bogati svoja dobra ustupili siromašnima, svi su počeli da se vole. Bio sam spreman na pokajanje.

Pakost demona se igra sa obećanim rajem na zemlji. Bila je to najlepša jesen u njenom životu, nažalost ja sam znao i za bolje, ali nikad se nisam spasio veće opasnosti i zato sam bio saglasan – dolazi novi život, jer umalo da sam stari izgubio.

Bili su puni volje da promene svet, ali nisu umeli jednostavne stvari – da ga nahrane. Proizvodnja mesa, mleka za njih će ostati večna tajna.

Nismo znali za vrednost novca. Dobijali smo namirnice na osnovu uverenja sa potpisom i pečatom, nekad sam se javljao ja, kad je ona bila zauzeta, podizao namirnice. Bili su široke ruke, tolerantni, niko se nije raspitivao ko sam i po kom osnovu primam. Niko valjda i nije bio čiste savesti. Neko je rekao da je u toku rata bilo toliko komunista u Budimpešti, Hitler bi bio zaustavljen na Balatonu.

Polako se nebo zatvaralo, ali ko brine o oblacima. Puder, šminka na nebu. Šta je odlučilo da ona padne? To meni nije jasno. Ne pitam.

Čista birokratija – spolja. Iznutra, stara boginja – zavist. Anonimna pisma, prijave zbog zastranjivanja, kaljanja obraza revolucije. Delovalo je, jer je bilo dobrodošlo. Na jednom prijemu, Laslo Rajk je prišao Evi, raspitivao se o njoj, bio zainteresovan da je primi u svoje odelenje. Hercog? Setio se njenog oca, prijavio je Rakošiju. Na svaku njegovu prijavu taj prljavi rakun je reagovao jedino smrtnom presudom. A da smo izbegli taj susret sa sudbinom? Da nismo otišli na bal? Mislim da bi se dogodilo kad-tad. Trenutak poslednje stvari uvek lebdi nad onima koji su privlačni. Jedan trenutak uvek bude presudan. Uvek se nit kida na jednom mestu. Nije važno gde, već zašto.

Anamnesis I: Violetine ruke su ispucale, išarane pegama kao sunce na umoru, jedino kada se smejala, blesnuo bi njen dečiji prizvuk. Razborita strast – tako je Atila zvao njen pritajeni šarm.

Anamnesis III. Atila: Šta sam radio za vreme rata? U komesarijatu Drugog kvarta kao pravnik. Zakona koji više nisu važili otkako su došli Nemci. Dolazio sam u podne, skoro da sam se odmah i vraćao. Samo sam primao platu. Zadužen za klanice i proizvodnju meda. O čemu nisam imao pojma, ali funkcionisalo je. Uvek su oko mene postajala po dva potrčka spremni da me uklone i ostave brisani prostor za mito.

Anamnesis IV. Violeta: Eva, poklanjam ti ove rukavice. Kad ostariš, moći ćeš da kažeš – ove rukavice je nosila Violeta Hradecki, kada je bila mlada i lepa. Za njih me vežu najlepše uspomene.

Ručak kod Mahakovih, malograđanština i revolucionarna patetika, vrsta novog kova ljudi. Muž jedva preživeli cinik, sada profesor marksističke filozofije, nekada metafizičar, zatim teolog, i na kraju švercer konjskih koža sa vojnih konja stradalih u ratu. Imao je svoje strvodere na terenu koji su stavljali glavu u torbu, donosili mu kože koje je on posle dalje prosleđivao. Fokstrot sa ploča, čaj, voće, keks, sveće, idilična šetnja umesto rastanka. Erotizacija revolucionara, vrhunac romantike, domaćin ljubi u senovitom uglu svoju suprugu i ona nam daje znak rukom da se udaljimo. Glumljena ili stvarna strast? Nisu imali razloga da ne uživaju u sebi. Bunda oteta, nakit dobijen na poklon da bi nekom spasili život. Politička melodrama. „Odlikovani ste za zasluge u Erdelju? Kako je bilo?" „Strašno" , kaže Eva, ranjena sam bolno, izgubila sam nevinost na prvoj liniji, onda smo se Antal i ja venčali, onda je Antal poginuo." Svi su znali da je Antal živ i pomislili su da je i ono prvo šala.

List golubije plav od truleži i sivog sumraka, baštenski šešir na terasi, daleki dim krematorijuma, nebeska kosa gospođice Moric, sipki ukus cijanida u bademovom cvetu, ravnodušnost lepote prema zlu i tuđem, nekad i svom bolu, proleća prema smrti drugih – i ono će doći na red. Filozofija sadašnjeg trenutka, jedino vreme u kojem je čoveku dano da vidi svet.

Anamnesis I. Eva-Violeti: Otac mi je bio profesor matematike u gimnaziji. Krili su od njega da mu je kći komunista, ja sama nisam imala srca da mu kažem. Osetila sam onda lepotu odlaganja kao zavođenje dragih i bliskih, kasnije, kasnije i na kraju kada svršiš postane ti svejedno. Rekla sam mu upravo kad je umirao. Mislila sam da će ga to probuditi. Samo je odmahnuo rukom, tužno se nasmešio i rekao „Znao sam."

Žena je erotska životinja, može sve da podnese.

Anamnesis II. Sada je dosta. Ne treba više.

Potpiši ovde. Puno ime i prezime, samo čitko da svi mogu da pročitaju.

Tako. Sad smo gotovi.

ANAMNESIS VITAE.

Hotel život

Noćevali smo u malom gradiću na vrhu brda kakvih je puna Umbrija. Dok smo dan provodili u Orvijetu, Lusilija je odbijala da u njemu provede noć. „Ne želim da budem u njemu, već on u meni, zauvek." Kako se približavalo veče, nestajalo je njene razdraganosti, obuzimao je nemir i požurivala me je da krenemo. Hotel u kojem smo spavali, ugledala je upravo odavde, sa bedema Orvijeta. „Tamo", rekla je, „tamo ćemo noćiti. Ako nema hotela, naći ćemo neku privatnu sobu. Odande se Orvijeto vidi kao na dlanu."

Već treće veče zaredom, penjemo se kolima zavojitim putem prema gradiću na vrhu, dok se Umbrija podiže pred našim očima, a propada u sumrak. Gradić je ljupko stanište za nas, sirotinjsko gnezdo za njegove žitelje. Ima sve ono što gradići takve vrste imaju od davnina. Obod od visokih kamenih kuća sazidanih na ostatcima drevnih zidina, zbijenih u venac oko uskih ulica, u sredini trg, na jednom kraju trga je crkva koja vonja na vekove, naspram nje krčma, možda nešto od nje i starija. *Albergo Casa d Isabela*. Po nekoj davnoj Izabeli, jer se vlasnica sada zove Lučija, omanja dežmekasta i prgava gospodarica, koja pod komandom drži nešto višeg ali i debljeg muža, koji je sluša pokorno, sa lukavim smeškom kao da se pravda što trpi vlast žene, i portira koji joj je sin ili bliski rođak, sudeći po pogrdama kojim ga mama Lučija zasipa svakih pola sata i koje ovaj prima kao nužnu nepogodu sa nemarnim smeškom lokalnog zavodnika. Iznad ulaza je drvena crvotočna tabla ukrašena kovanim gvožđem, sa ukusnim slovima koja se sada jedva vide, sa dopisanim objašnjenjem koje je neko pakosno nažvrljao sprejom: *Casa della dolce vita*. Kiša i osipanje dotrajalog drveta, otrli su reči, ostalo je vidno samo *Albergo della Vita*. Hotel život.

Portir nas već poznaje. Nema mnogo gostiju, ako ih uopšte ima. Prve večeri sam primetio jedan engleski mladi par. To su oni koji u Orvijetu nisu našli prenoćište, slučajni zaljubljenici u usamljeni gradić, a slutim da je hotel i izvan sezone utočište tajnih ljubavnika iz Orvijeta koji se boje da u gradu ne budu primećeni. Nisam video neku drugu svrhu da se nadomak Orvijeta u ovom polu-gradiću polu-selu drži hotel. Krčma. U kojoj su lokalni stanovnici utapali čamotinju u vinu i povremeno napolju na klupama u besposličenju i zurenju u ništa, razgovorima uvek istim. Večeras su na kamenom ozidanom stepeniku sedela tri mlađa dokoličara koji su dobacili nekoliko usklika divljenja. Za njih smo bili ljubavni par, meni je to, priznajem, godilo, Lusilija je bila ozbiljna i stroga.

Mladi portir nas je poslednje večeri dočekao ljubazno kao i uvek, veselo razvučenih usta, pozdravio je Lusiliju, mene nije ni primećivao. Ne okrećući se, maša se za ključ od sobe. Mađioničarskim pokretom uzima umašćenu drvenu krušku, dodaje ključ Lusiliji, ne meni. Ključ je klasičan, masivan, sa elipsoidnom glavom i do te mere izlizanim jezičkom, da će jedva izdržati do jeseni, ali s obzirom na broj gostiju moguće je da će trajati i čitavu večnost.

Mario, kako nam se predstavio, bio je srećan što ima takvu gošću. Bila je deo njegovog hotela, deo njegovog poseda. Njegov tipizirani, sladostrasno saučesnički osmeh će kroz desetak godina preći u lako mrzovoljni smešak izneverenih nada i očekivanja, zatim u izveštačeno ljigav, staračko sladostrasni i na kraju u ravnodušan hemoroidalno-gastritični grč kao u njegovog gazde. Ali u ovom trenutku on je bio saučesnik zavođenja, učesnik rituala, svete svadbe, vodič, svodnik Lusilije-žrtve sa mnom kao sveštenikom, službenim licem, nevažnim učesnikom rituala. Okolo krčme na pristojnoj udaljenosti brujao je hor.

Moram priznati da sam ipak više voleo da sretnem njega, nego prkosnu Lučiju ili njenog supruga koji više nije bio spreman da dočekuje nove i uvek iste mladence. Po mučeničkom izrazu lica reklo bi se da ga je stiglo prokletstvo kuće života, natekla prostata, nabubreli šuljevi i gorušica portirskog bdenja. Mali, debeo, usijane ćele, preznojavao se da istisne stidljivo ljubazni smešak i jedva je čekao da odemo u sobu. Mama Lučija, prava italijanska mama, dodavala je ključeve sa strogošću katoličkog prezira i osudom u očima i negde duboko i zavišću i besom prema ženi koja uživa u životu. Za nju odavno pohranjenom u zaboravu. Kratkim prstima bi dohvatila drvo ključa, samo vrhovima, kao da je zgađena, ali izgleda da drugačije nije ni mogla, jer su joj zglavci bili reumatično ukočeni. Činilo se da ipak pokušava da ključ što duže zadrži u ruci pre nego ga preda. I sa uzdahom ga predavala Lusiliji u šaku. Kao da joj predaje krunu sveta. Bio sam siguran da iza naših leđa pravi grimase.

Bio mi je smešan pobedonosni izraz portira koji je mađioničarskom veštinom uspevao da između nekoliko ključeva, ne gledajući, izabere upravo željeni. Onaj koji otvara sve sobe, koje su kao i ključevi sve iste i sve drugačije, jer nikad dve iste ljubavi nisu moguće u istoj sobi i istom krevetu, te nikada dva ljubavna para ne mogu dobiti isti ključ, kao ni u Hotelu život sa beskrajnim brojem soba. Primećujem da to nije uvek isti ključ, svaki ključ otvara sve sobe. Duga upotreba izbrisala je razlike. Da njegov hotel ima beskrajno mnogo soba, portir bi lako sve otključavao jednim istim ključem. Ali ovaj beskraj reducirala je Lusilijina želja. Soba je okrenuta Orvijetu i njene je prozore ona ugledala prvog dana sa bedema Orvijeta. Kao da je znala. Kada smo došli prve večeri, zahtevala je: „Sa pogledom na Orvijeto."

Mario nam je dodao ključ sa takvom teatralnom pompom kao da iza sebe ima beskrajno mnogo soba, kao da je njegov hotel sama vasiona.

I bio je. Znali smo to i on i nas dvoje.

Za Lusiliju je postojala samo jedna. Krenula je uz stepenice prema njoj kao opčinjena.

Lusilija se penje uz stepenice.

Samo žena koja vozi bicikl po lepoti i skladu pokreta može se uporediti sa ženom koja hoda stepenicama, svejedno da li se penje ili silazi.

Slušao sam iza svojih leđa duboke uzdahe, osećao kako se vatreni pogledi lepe na njenu zadnjicu koja se njiše u ritmu skupljanja i opružanja vretenastih tetiva i mišića nogu, koji zrače nečujnu simfoniju timpanima potkolenica, udaraljkama gležnjeva i lišnjača. Razapeta suknja na zadnjici otkrivala je očima znalaca i ono što se pri penjanju nije videlo: napeto platno suknje koje se ugiba preko krila užlebljenog između prepona i stidnog, žuđenog oltara. Gledali su je otpozadi, kako se penje, ali kao da su je videli celu. Sklad pokreta, ritam koraka i stepen zanjihanosti, način kako joj je uska traka letnje haljine kliznula u pregib ramena, sve je govorilo i o onom što se ne vidi. O tome još više: spreda treperi i tremolu fagota dvojni zvuk nedara u drhtavom, epileptičkom ritmu. Posmatrače, učesnike njenog uspenja, očaravalo je ono što na ženi i nije vidljivo, i upravo to još zanosnije, kao nevidljivi bog kojem hita u susret Lusilija-žrtva, penjući se prema ljubavnoj sobi.

Osećao sam njihove poglede koji su prolazili kroz mene na putu prema obožavanoj. Bio sam istovremeno ljubomoran i ponosan što Lusilija nije više samo moj san, već postaje objava. Njihovo divljenje se meni vraćalo, kroz mene je Lusilija ponovo oživljavala u svojoj slavi. Žena veoma lako prelazi iz sna u život, kao što iz sna može da se vrati. Trijumf Lusilijinog uspona uz stepenice bio je deo mog trijumfa.

Bio je to drevni žrtveni ritual. Posmatrači su mi zavideli jer su očekivali da će Lusilija uskoro naga skliznuti u moje šake. Kao da je bila svesna drevnog obreda u kojem je ona posvećena žrtva, Lusilija je prošla pored obožavaoca stroga lica, penjala se dostojanstveno, ozbiljna, svesna svog uznošenja. Kao i njene prethodnice u hramovima, znala je da je njeno zadovoljstvo najveće i slava najviša, veća od sigurnosti, bezbednosti onih koji je obožavaju. Lice joj se nije više videlo, jer je bilo okrenuto naviše, prema Bogu. Glasnici, učesnici erotskog pira svete svadbe, posmatrali su njen hod, obrednu pesmu koja se nije čula, više se osećala i naslućivala. Hodala je ispunjena ponosom što je posebna, ponosom koji obuzima svaku žrtvu od postanka sveta, vuče je prema uništenju, propasti kojoj nije u stanju da odoli, jer sve više oseća, što je žestina smrti bliže, da je vatra koja je obuzima, vatra obnove, uskrsnuća, da je ona upravo ta koju je bog izabrao i da će uskoro imati susret s njim. Ona je ta koja će biti žrtvovana, stradati, ali to stradanje neće biti smrt, već novi, viši, nebeski život koji je večno sećanje, isključeno iz opšteg zaborava. Spajanje sa božanstvom, posvećenje. Ona jedina je izabrana da ugleda lice boga. Izuzetna, obdarena da bude darovana. Tamo, na vrhu, hrama, vrhuncu uživanja i obećane sreće, čeka je nevidljivo sećanje, spajanje, ne samo sa budućim rođenjem, već i sa svim onim životima u kojima je bila, susret sa večnim blaženstvom.

Gordost je obuzimala i mene, jer sam ja bio deo njenog izabraništva, posrednik kome je darivana sreća žrtvenog čina, rođen pod srećnom zvezdom da mogu proći kroz žrtveni plamen neoprljen, učestvovati delom u njemu i vratiti se da saopštim poruku boga, stupim u dodir sa nebeskim, posredstvom otvora čiji ključ drži samo posvećena žrtva. Lusilija je čvrsto držala ključ u ruci samo smo nas dvoje znali kao izgleda lik Boga – bio je to prizor udaljenog Orvijeta u noći u okviru velikog prozora naše spavaće sobe.

Ja sam uživao u tuđoj veri u moju moć, ali sam znao dokle ona doseže.

Nisam bio siguran kolko je hotel zaista ukupno imao soba. Ne više od tri, mislim, i to sve na gornjem spratu, dok je na prvom bio stan domaćina, a u prizemlju krčma. Ključ nije imao broja, ali soba jeste – 203. Broj je bio povod za tajni zaverenički ponos za obe strane, našu i vlasnika, premda smo svi znali da se prva cifra odnosi na sprat, a samo zadnja je broj sobe, ali se i nama činilo da smo mi prvi gosti u nizu od dvesta soba koje se nastavljaju u beskraj iznad krova.

„Mogu nas orobiti", smeje se Lusilija, „svi su ključevi isti."

„U Italiji se ženi ne može dogoditi ništa ružno", umirujem je njenom omiljenom izrekom. Ona zrači pritajenom srećom. Niko do nas dvoje nije slutio da je oltar kojem Lusilija stremi, prizor udaljenog Orvijeta. Preko dana smo hodali njegovim ulicama i trgovima, satima sedeli u blizini katedrale od crno-belog mermera, na stepenicama muzeja koje su iz ove perspektive, bez ograde na vrhu, vodile pravo u nebo i osmatrali *Vrata raja* na katedrali, izluđujuće mnoštvo prizora sa figurama ljudi u pokretu, vreva mnoštva od kojeg hvata nesvestica. I ovde u sobi još su mi pred očima zlatasti odsjaji ikona Simona Martinija, njegove zanosne Bogorodice.

„Želim ga celog", šaputala je Lusilija. „Neću da on mene proguta, želim da ga sanjam izdaleka."

„On". Kao da je grad nedostižni ljubavnik, biće sa dušom, što i nije daleko od istine, ali ta duša se nije dala lako obuhvatiti i zato je Lusilija sve više prema njoj žudela. Grad je bio prevelik i razuđen da bi se iznutra mogao obuhvatiti. Ne znam zbog čega Orvijeto, ni Lusilija nije mogla objasniti. Pored neodoljive privlačnosti, nije se mogao meriti sa Sijenom koju smo kasnije posetili i prema kojoj je Lusilija imala drugačiji stav, daleko radosniji, lišen melanholije koji je u Orvijetu obuzimala. Ali tek odavde, iz daljine, u okviru prozora, u perspektivi, Orvijeto se mogao obuhvatiti jednim pogledom. Moram priznati da je delovao mistično. Kao na licu koje sumrak ublaži ili daljina na njemu izbriše bore i bubuljice ili se prizove iz sećanja mlađe nego jeste, tako je i ovaj minijaturni svetli Orvijeto na tamnoj pozadini neba, postao udaljeno, ali voljeno biće.

Provukla je ruku ispod pazuha i preko leđa otkopčala prsluk, izvukla ga odahnuvši. Bacila ga je sa olakšanjem na naslon stolice, obe kalote su zinule kao začuđene prazninom posle meke, tople i oznojene punoće. Jednom sam sanjao da sam ja to malo parče tkanine, sastavljeno od dve kupole. Usta su mi bila jedna, a trbuh druga šupljina, obuhvatale su njene grudi, dok su mi izdužene i mlitave ruke i noge obuhvatile leđa i tamo se na kičmi reckavim nizom prstiju ruku i nogu spajale u rajsferšlus. Odbačen na naslon stolice, zevao sam praznih usta i trbuha, vapio ispražnjenim dupljama za svetlošću koja me je do maločas ispunjavala – Eli Lama.., zašto sam ostavljen? Bio sam gladan nje i onih noći kad nismo imali želje da vodimo ljubav, jutros smo se ispraznili. Ali i u tim časovima voleo sam da je gledam. I kad nisam sa njom vodio ljubav, maštao sam o času kada će se opet dogoditi. Ona je za mene bila preplet mašte i sna. Nije me napuštala ni danju ni noću.

Lusilija je bila lepa žena. Tako zavodljiva i primamljiva da mi nije jasno zašto se za mene udala. Lako je mogla naći nekog bogatijeg, a zadovoljavala se onim što imamo, a to nam je u to vreme omogućavalo da živimo udobno i često putujemo, što je za nju bila opsesija. Priznajem da mi je bilo čudno otkud novac izvire u toj meri, da nam je uvek bilo dovoljno. Prijatelji su se potrudili da do mene dopru glasine da je Lusilija jedno vreme bila skupo plaćena prostitutka u Italiji i Španiji. Ne verujem da jeste. Kada bi se spomenuo taj period njenog života, boravak u inostranstvu, mrzovoljno bi odgovorila – „Bila sam inokorespodent", što ja nisam nikad znao šta tačno znači. Malo me se i ticalo, slutio sam da ona svoju ušteđevinu deli sa mnom. U ljubavi je uživala, predajući se do kraja, onda kada je bila nadahnuta, sa ludačkom hrabrošću, bez kočnica. To mi je bilo bitno, a da mi je neko pružio i dokaze, fotografije koje Lusiliju prikazuju u naručju drugog muškarca, ja bih slegao ramenima. Jednom je i spomenula da zna kako izgleda grupno silovanje. Ne da se njoj dogodilo, već da *zna*. Nisam dalje pitao. Kako da drugima objasnim da Lusilija nikad, pa ni sada *nije bila*. Ona uvek *jeste*.

Priznajem da sumnja postoji. Ona je uvek bila iskrena, ali lišena besa i mržnje, iskazana u šali posle ljubavnog zagrljaja, kao deo igre, dodatak uživanju. Ako ovo *sada* curi kroz prste, šta onda ostaje za ono što je *bilo* i *biće?* Da ste bili u prilici da budete sa Lusilijom u zagrljaju, tvrdim da bih vas se malo ticala njena prošlost, koliko i njena budućnost. Lepa žena ih nema. Lepa žena nije ni bila niti će biti. Ona jeste. Misliti o tome kako je ona nekad izgledala kao i o onom kako će izgledati ubuduće kad ostari i umre, čista je izopačenost. To je dozvoljeno samo sećanju, koje i nije ništa drugo do jedna lepa izopačenost, izokretanje vremena.

Živeli smo skromno i sa onim što smo imali, nije žudela za raskoši. Prema bogatima u luksuznim hotelima imala je preziv stav, skoro nadmen. Kada bismo nekom prilikom morali da se pridružimo nekoj grupi koju je organizovao hotel radi izleta u mesta koja su nam teže bila dostupna, držala se po strani. Opštila je sa ostalima na engleskom, nekad na francuskom. Premda ga je dobro poznavala, imam utisak da ga je nerado govorila. Francuze zbog nečeg nije podnosila. Samo sam je jednom slučajno zatekao u razgovoru sa grupom nekih crnomanjastih ljudi, mislim da su bili Arapi ili Jevreji, govorila im je žučno, poverljivo sniženog glasa na jeziku koji nisam prepoznavao, a oni su je slušali zapanjeno, gledajući ponizno ispred sebe. Nisam prišao, nije znala da sam je video, o tome je nikad nisam pitao. Voleo sam njene tajne, kao i mane njenog tela, njene duše, mislim da su bilo veoma zavodljive i da su me uzbuđivale.

Ipak, jednom je strah prevladao. Hvalio sam pred njom Karvera, Pinčona.

„To je nešto drugo, to nije problem. Bitna je amerikanizacija kulture. To je kao omlet od pičaka. Nije za jelo, a ne možeš ga jebati."

Nasmejavši se, sledila je moje misli. Nisam mogao ništa od nje da sakrijem, ušli smo davno jedno drugom pod kožu:

„To, naravno, nije razlog da nekog digneš u vazduh." Nije bila ljubomorna ali nije trpela da zagledam druge žene u njenom prisustvu. „Ako ti se više sviđa, idi sa njom", odbrusila bi hladno.

Bilo je nečeg zaista nestvarnog u slici osvetljenog Orvijeta u daljini, sa zvezdanim nebom u pozadini. Lusilija je sela bokom na ivicu kreveta i uzdahnula. Izraz njenog lica mi je govorio da je ona u tom prozoru videla nešto više i dublje od malene slike grada u daljini. Poželeo sam i ja da učestvujem u njenoj molitvi, ali sam se trudio da ni jednim uzdahom ne poremetim njenu sabranost i ozbiljnost na ivici ganuća. Za svaki slučaj, osećajući moje prisustvo za leđima, vrhovima prstiju pokazala mi je mesto u uglu sobe, ne osvrćući se, kao opsednuta. Iz ugla sam imao dvostruku vizuru – Orvijeto izvan svakog vremena, i obrise njenog stasa, deo lica sa uglom usana povijenim naniže i deo očne duplje gde su se u tami presijavale iskre svetla.

Posle izvesnog vremena, plašeći se da me nije uvredila, okrenula se, stidljiva i sažaljivo mi se izvinila, ali samo za kratko. Bio je to lik jedne druge Lusilije, devojčice, onakav kakav je bio na vrhuncu ljubavi. Ponovo se okrenula prizoru. Na ivici plača, te večeri mi je izgledalo da se oprašta ne samo od prizora, već i od života. Uplašeno sam promucao neke fraze o metafizici prozora, o svemiru, senkama ljudi, ona se još jednom okrenula sa izrazom koji je istovremeno označavao molbu da zaćutim i podsmeh: vidi malog mudraca.

Odustao sam i prepustio je letu kroz prozor. Istini za volju, ja o svojoj pameti nikad nisam imao previsoko mišljenje, jedino znam da sam iskren prema svemu u šta verujem, nisam u stanju da verujem u bilo šta, pogotovu ne na duže vreme. Takođe mi je nedostajala njena ponorna udubljenost u lepo, za mene je to više bio povod za logičku analizu, posledica moje struke. Ućutao sam i primirio se u uglu, ali imao sam utisak da joj je ipak bilo

138

stalo do mene, da sam tu, da joj se očaranost ne otme i obuzme je do kraja, ponese kroz prozor. Da sam hteo da odem, zadržala bi me kao što nije mogla da ostane bez svoje senke bez koje ne bi mogla u tom trenutku da živi. Da su umesto mene bili pas ili mačka, bojim se da bi bilo isto.

Prepustio sam se razgledanju sobe. Kuća očito nije bila zidana za gostionicu, već je naknadno za tu namenu prepravljena, srećom samo površno, što je sobi davalo poseban čar. U uglu je zjapila rupa ovećeg ognjišta, kamina ozidanog od cigala i kamena, pored njega drveni sto, verovatno iz tog vremena. Niša u zidu, posuđe okačeno o klinove grubo kovane, čitav taj nemi sklad davao je prostoriji veo alhemičarske nestvarnosti kosmičke melanholije, slutnje dvostrukosti: nepostojanosti, prolaznosti života i besmrtnosti duše.

Skoro da sam mogao da vidim kako u uglu stola, bliže vatri, sedi škrofulozna devojčica i privija se uz majku drhteći od hladnoće, novembarske studeni, dok se napolju preko mahovinastog crepa, niz krovove sliva hladna kiša. Devojčica pokušava da se pripije uz krupnu, debelu ženu tražeći od nje zaštiti od straha, dok mati krišom vadi krompir i luk iz njenog tanjira i dotura dvojici dečaka. Čujem njenu misao: „Ako mi te je Madona odlučila da uzme, bar njih dvojicu da spasim. Ti ćeš se kćeri zasigurno ponovo roditi u nekom boljem vremenu milošću Majke Božije, a njih dvojica nikad više."

Primećujem da devojčica ima Lusilijin lik i kosu, njen izraz lica, ali Lusilija nikad u svom životu nije bila tako tužna. To je bila samo jedna od mnogih mojih sentimentalno-surovih priča kojima nisam mogao da odolim, Lusiliji ih nikad nisam saopštavao, strepeći od njenog strogog suda, ali sam se istovremeno bojao i za svoj razum, ako ih glasno izgovorim. Bile su vrlo upečatljive i držale su me dugo vreme. Možda je to bila moja skrivena želja da Lusilijinom životu dodam još nekoliko drugih, strah da će mi ona kao san ili kao vizija jednom nestati i ostaviti me samog i da će neka lažna sećanja ili izopačene priče biti jedini način da je ponovo prizovem. Strah da će trenutak u kojem postoji, nestati zajedno sa njom imao je više nego stvarnu podlogu. Surovi završeci priča bili su posledice stida zbog sentimentalnog prosedea. Plašio sam se, ako je Lusilija nekada već postojala, da je ova preda mnom samo slika, mašta, san.

Lusilija je još uvek sedela nepomično na ivici kreveta, starog verovatno koliko i soba. Bilo je očito da je vlasnik kreveta imao isto polje vida, za njega i Lusiliju prizor je bio isti. Prozor je prema ostalima na zgradi bio preširok, širi nego što se u ovom podneblju prave, a njegov donji rub snižen do te mere da ne ometa pogled ležećoj osobi u krevetu, kojem je donja ograda takođe bila spuštena. I prozor i krevet su iz istog doba. Nije to bio samo vidljivi prizor. Sve okolo, iznad, izvan, bilo je puno nestalog pogleda bivšeg vlasnika sobe. Ili vlasnice. Kao da se u tom već crvotočnom drvetu premazanom debelim slojem laka i farbe, ipak mogao naslutiti kiselkasti vonj agonalnog znoja kojim se umiruće biće opraštalo od dalekog Orvijeta, nebeskog prizora koji mu je otvarao vratnice neba, spajajući ujedno nestvarni prizor sa poslednjim titrajima svesti, pokušavajući da ga ponese na sasvim neizvestan put. Tada sam prvi put poverovao ono što sam odavno slutio, bojeći se jednako da Lusiliju ne izgubim: prozor je nestvaran, on je samo senka na površini neba. Lusilija senka u toj senci...

„Ne uzdiši tako glasno, molim te", prošaputa Lusilija ne okrećući se.

...Lusilija ima više života, kako u prošlosti tako i u budućnosti, a da ja zaslužujem da se i ovaj sadašnji njen ponovi, u to sam bio siguran. U okviru prozora, sve tamnijem, u već mrkloj noći kao svetla marka na modrom kovertu neba, pisma Bogu koje je napisala neka davna, a šalje sadašnja Lusilija. Uvek su postojale druge Lusilije u njoj, kao što i u svakoj ženi postoje mnoge, moguće i stvarne, one u mašti i one u snu. Izvan toga ih i nema. Svaka žena je smeštena u beskraju, nedodirljiva. Bilo je više nego logično: ako je postojala ona, onda sam ja, soba, Hotel Život, svet, samo senke koje se kreću okolo, prateći svoju svetlost. Ona je postojala, rađala se i umirala unutar sebe, ne samo kao deo svoje majke i predaka koji su u njoj ostavili niz hirovitih prizora, već i spoj svih Lusilija sličnih sebi u nekom svetu mnogostrukih perspektiva Orvijeta koji izgleda ovako samo iz ove tačke, jedan, a uvek drugačiji posmatran iz različitih mesta ove sobe, beskrajnog broja susednih, soba Hotela Vasiona.

Lik ojađene devojčice još lebdi nad stolom u uglu kojem je sada prilazila kao preporođena Lusilija i sve mi je govorilo da mogu da budem više nego siguran i sve sam sigurniji što vreme više odmiče, da je nemoguće da je postojala samo jedna Lusilija, jer kako god pokušam da je se setim, uvek ispadne drugačija i jedna ista, ne mogu da shvatim da je više nema i da čovek postoji samo jedan u mnoštvu, već će pre biti da je obrnuto. Poslednjih godina su nam govorili da sve više ličimo jedno na drugo. Stapali smo se. Postoji samo jedno ljudsko biće, čitav život nije ništa drugo do igra senki u kojoj njegovi likovi treba da se spoje i upoznaju. Sve ostalo su samo likovi neke priče. Ako čovek postoji samo dok ga obasjava njegov život, onda svi ljudi nisu ništa drugo do senke nekog kamenja koje traju dok sunce obasjava svet, onu drugu jasnu stranu koju senka nikad ne vidi, kao što nikad neće videti sunce, izvor samog života, inače bi nestalo.

Čini mi se da kada bih sada ušao u tu sobu, da bih je tamo zatekao kako sedi na ivici kreveta, jedva nešto starija ili mlađa, ko zna, stvarnija od one koja sedi na samoj ivici zaborava.

Potpuno sabrana, okrenula se meni i videvši da sam uvređen, uzela me je za ruku, privela krevetu, sela na njega, raširila noge i smestila me u prevoj haljine kao u pregaču. Kao dete u zagrljaj. Čuo sam njeno srce kako udara. Kao da se nečeg uplašila, odustala je od naše igre.

„Bolje bi bilo da večeramo, pa ćeš mi posle pričati o tvojim senkama, platončiću. Želim da čujem."

Večera je bila na stolu. Iz kese je izvadila komade sira, pršute, mleko, maslinke, ražani hleb.

„Kad nas sunce obasja u zenitu", počeo sam žvaćući rskavu koru hleba namazanu puterom. Kako sam počeo da govorim ono što sam smislio počelo je da se razvija drugačije, šire, konciznije istovremeno... „mi vidimo Boga. Senke koje o sebi misle da su slobodna bića, tada ugledaju čas svoje smrti.

„Ukratko: Čovek-senka ugleda svog Boga-Sunce tek u času smrti."

„Tačno. Zar se to isto ne zbiva u ljubavi?"

„Počinješ od kraja. To mi zvuči poznato. Možeš ti bolje. Ima li početka?"

„Ima", rekoh, „ako je Sunce Bog, izvor života, ono, kao vrhunsko biće mora biti jedno." „Tačno." „U tom slučaju", trijumfalno podigoh komad gorgonzole sa tamnim senkama buđi unutar beline sira, „u tom slučaju nijedna senka ne bi mogla da susretne sebi srodnu, jer se senke, obasjane iz jednog izvora zrakasto šire." „Tačno". „Iz toga sledi, *more geometrico,* da ljudi nisu senke, jer se spajaju. Boga, dakle, nema, jer ima ljubavi. Ili: ako ga ima, onda je to sebični bog kojeg ljudi-senke nikad neće videti. Ljudi obrečeni toj ljubavi, senke su koje žive u celibatu i monaštvu. Svako ko umesto ljubavi i života izabere Boga, pristaje na silu koja razdvaja umesto da spaja. Senke rastu kad sunce opada. Bog je izabrao senke da tama svedoči da ga ima, a čoveku nema ko. Što je Bog Sunce bliže, to se duše-senke sve više jedna od druge udaljavaju.

Senke nikad neće sagledati izvor svog života, obasjani predmet, ili će ga ugledati u času smrti, u zenitu kada predmeti ne bacaju senke i na sav zamrli svet spušta se božanska jarosna i žestoka ljubav Boga koji vrhunskom ljubavlju voli samog sebe. Ili ljubav ili Bog u sevu smrti. Izaberi!"

„Biram ljubav", osmehnu se Lusilija, „Boga nema."

„Senke se spajaju tek u mrkloj noći, iz tame kad boga nema. Najbolji bog je odsutni bog, deus absconditus. Dolina senki, dolina suza, a slava bogu u nebesima?"

„Nema Boga", uzdahnu Lusilija. „Nastavi, nije kraj. Možeš ti to, osećam."

„Između predmeta i senke postoji odnos, to je svetlost. Ljubav. Gde postoji odnos tu se nešto začinje. Uvek nešto nemoguće, neverovatno. U ovom slučaju svet. Nije li to i tebi palo na pamet – Chiaro-scuro?"

„Mrak. Sve se zbija u tami. Ona je počelo. Sve što raste, raste u trbuhu. Život i smrt, podjednako."

Posmatrala me je iz senke kuhinjske niše, njene očne duplje nisu dopuštale da joj vidim oči.

„Ali postoji svetlost koja spaja. Svetlost ljubavi koja sija iznutra! Mi nismo senke, Boga nema, ima ljubavi, Lusilija postoji."

Upravo je zagrizla maslinku, zubi su joj se spojili na koštici, prodirući kroz sočni plod. Pojela je maslinku i poljubila me usnama umazanim uljem.

„Ti mene voliš?"

„Da", rekoh, „Veoma. A ti mene?"

„Ne znam." Bila je ozbiljna. „Ponekad si mi drag. Nisam sigurna. Moraš biti jako dobar da zaslužiš ljubav. Ako te jednom budem zavolela, videćeš nešto jako lepo. Verujem da će i za mene to biti nešto novo. Samo me nemoj lagati. Budi iskren kao što si sada."

Naša tela su bila odvojena, ali u mraku ispunjenom ljubavlju, senke su se spojile, tela su, iznutra osvetljena tamom, zračila svetlost kao senku u svim pravcima. Kao da sam video svetlost nad njenom glavom. Što je tama gušća, tela sve više zrače. Samo ljubav je bila u stanju da ugleda tu svetlost. Nije bilo boga, nije bilo jednostavne ubistvene geometrije. Bog koji stvara senke nije ništa drugo do čuvar zatvora, dželat. Senke ga ne vide, zatvorene od njega strepe i pokorne onome ko ni njih ne vidi, ali njima vlada, on je jedan kao sto je Sunce jedno.

Pošto je svetlost vrhunsko dobro, svet bi bio oličenje zla – otud zlo u svetu, jer je Bog sebi uzeo dobro, a stvorio zlo da ga njegova suprotnost slavi i dokazuje. Zlo se otvara u žudnji da se potre u Bogu Tvorcu, u zenitu, ono se umnaža i sve više jača da bi u svojoj smrti postalo dobro, prestaje da bude senka, postaje osvetljeno suštastvo, sam Bog. Mnoštvo uvređenih, povređenih i usmrćenih nestaje kao netom zgasla senka, čas se rađa, čas nestaje, kako se Bog uzdiže i spušta.

Bio sam siguran da su senke umbrijskih bregova utonule u veliku senku doline i da postoji nada da će se i naše dve senke spojiti. Svet pun žudnje nebesima, a pakao zemlji, to nije bilo istinito. Znao sam da jedva čekamo da boga nestane, da nas umor napusti, da možemo da se spojimo.

Ležali smo u starom drvenom krevetu, jedno uz drugo, mirni i ćutljivi. Dugo smo bili budni, zagledani u Orvijeto koji je sada bio zajednički. Ako mogu da biram između svih časova koje sam sa njom proveo, osim nekih izuzetnih ljubavnih zagrljaja, ovo bi bio jedan od onih koje bih poneo sa sobom. Noć u kojoj smo ćutali i osećali svoje duše dok su tela mirovala. Čas kada su nam se senke spojile i kada smo sa markom Orvijeta na koverti neba pisali Bogu da smo hvala bogu dobro.

Napustili smo sutradan Hotel Život. Nisam se uklapao u sliku zavodnika onih koji su nas ispratili. Verovatno su mislili da sam pun para. Da ih ne razočaram, ostavio sam portiru poveću napojnicu. Lusilija se naljutila. Uzela je novčanicu, dala mu manju, a onu je zadenula za svoj prsluk. Mario je bio oduševljen, dao bi i onu drugu da mu je htela uzeti. Zaneo se kao da će pasti u nesvest.

Polako smo se udaljavali kolima iz grada, u daljini je Orvijeto nestajao iza svake krivine i opet se na sledećoj pojavljivao, sve manji. Dok se vrh katedrale nije izgubio u izmaglici. U tom trenutku se Lusilija zavalila u sedištu, zabacila glavu i sklopila oči. Prestala je da diše. Kao da se oprostila od jednog od svojih života.

EPIPHANIA LUSILIAE

Poslednji zanos Lusilije Levinerijak

Na vrhuncu ljubavi Lusilija shvata da mora učiniti nešto neobično, neočekivano, ludo, nešto po čemu će zapamtiti ovaj vrhunac, trenutak u kojem se gubila.

„Ni sanjala nisam da će se sve ovako završiti!"

Vrhunac ljubavi i vrhunac mudrosti dodiruju se u tački ludosti, tajni same vasione.

Počela je da pevuši neku dečiju pesmicu, ljuljajući se na vrhu jarbola, onog koji se diže samo kada je žena-jedro na njemu razapeta. Sve ljubavnice su posmatrale kako Lusilija uzleće. Vetar-ljubavnik je iznutra nadimao njene grudi, upravljao naježene oreole prema sazvežđima minulih eronauta. U tom času Lusilija učini nešto što nije smela: rukama podiže kosu, ponudi je vetru. Pramen po pramen, pretvarao se u plamen. Obuze je svetlost. Jarbol jeknu i skrši se, pokidaše se veze, briznu pena, Lusilija se otrže i polete u susret nebeskom Elisiumu. U tom prelomnom času, ona još nije bila svesna da leti.

„Miris!", uzviknu. „Osećam miris jorgovana!"

Samo sam ja znao, za ostale mirisa nije bilo.

„Nebo, nebo!", povikaše prijateljice, da je upozore, ali je već bilo kasno. Svršilo se. Brod se nasukao na svetlosni sprud.

„Nebo", skoro pomireno prošaputa Lusilija i opusti se. Još jednom pogleda naniže, pogledi nam se susretoše, neka sila je odvodila od mene ogromnom brzinom, bilo je već kasno, uspela je samo da me nežno zagrli i veze među nama se pokidaše u najbolnijem i najlepšem trenutku života, u vrhuncu, Lusilija se preseli u Večni Elisium.

Jedina i mnogoimena. Lusilija Rastiferžu, Elemek, Isak, Veronijana, Blandavir, Gabriola, Nefter, Mirada fon Hasider, Reverida Esterbrik... osetila je da Elisium poslednje utočište ljubavi Molitve za Lusiliju: *Molitva prva:*
Dođi u moju ložnicu, imaćeš šest ljubavnika. Jedan će ti ljubiti oči, drugi uši, treći i četvrti bradavice, peti pupak, a šesti će ti lizati tabane.

A jedini ja ću uživati u tebi dok ne potonemo u vrtlog koji smo tako često na nebu gledali, magline iz kojih je rođen Mlečni put, orgastičko svetlosno kolo.

Vreme guta Lusiliju

Prvo njene noge pretvara u sećanje, iskopane iz zaborava uz nemi jauk. Njeni dlanovi, tabani, prsti, gležnjevi postaju metafore, prostoproširene rečenice, tibije i fibule – vretena. Došli smo do tela na čijoj periferiji sjakti naprslina i tu se sukobljavaju sećanje i vreme, propast i uskrsnuće. Lusilija, pukotina, sve u ničemu, sjaj u tami. Postaje svetlost na granici na kojoj se stvari više ne dešavaju, jer postaju reči.

Šta je ostalo od Lus?. Neko lako /, ožiljak od opekotine na mrežnjači kao kad se dugo gleda u svetlost. Slepa mrlja, prazni svet. Zbog kojeg mi se muti vid i vedro nebo postaje tamnije plavo, i po njemu iskre zvezde nekog nepostojećeg ili možda postojećeg, ali dalekog, nepoznatog sveta.

Vreme guta Lusiliju na ivici Horizonta događaja, u svetu matematičkih singulariteta, tamo gde nema vremena ali ima ničega koje je prazni list papira za ine svetove.

MREŽA ili levak (peščani sat, klepsidra?), ako je peščani sat, onda se sve plete oko *sada,* pripoveda se o sada (o prošlom koje prelazi u buduće itd), ali se o njemu, o tom sada ne kazuje ništa, sem na kraju *u jednoj sekundi,* priča kao zrno peska koje procuri kroz grlo peščanika... Grebe vreme. Priča boli vreme.

Ako je mreža onda je sve moguće, da ono što je prošlo, bude nadohvat ruke onom što se sada zbiva.

Lusilija je na aerodrom došla u taksi kabrioletu sa krovom od tankog aerosola – miris jasmina je štitio od sunca i ostalih kosmičkih zračenja. *Zipp* muzika je obuzimala njen sluh. Ostavila je automatik-taksi pred ulazom i pogledavši se još jednom u njegovom retrovizoru, zadovoljno se nasmešila. Bila je savršena.

Pred skenerskim vratima zarežao je privezani pitbulterijer. Setila se, osmehnula se kontroloru i iz tašne izvadila zadnji prezervativ sa uzorcima sperme tri svoja poslednja ljubavnika, slegnuvši ljupko ramenima bacila ga u ždrelo psu koji ga je u slast progutao, ne žvaćući ga. Antibiološka kontrola je tih dana morala biti pojačana.

Ušla je u oficijelni toalet, isprala usta melemom SANYA da odstrani zadah loše karme, ubacila žeton i kad je iskočila kaseta, slomila je zaštitnu staklenu bravicu, izvadila ampulu i priključila je na kanilu u desnoj veni. Bezopasnu drogu ISTINY upotrebljavala je već godinama i nije primetila nikakve znake navikavanja. Kroz kanilu na drugoj ruci krv je polako isticala iz vene, ona pažljivo zacipova kesu i stavi je u svoj neseser. Osetila je blaženstvo Zamene, dan je počeo odlično.

Bila je zadovoljna i svojim telom. Tanak sloj orteflona pokrivao joj je kožu, držao dojke uspravno, bradavice su bile lako naježene, na granici ljupkosti i prkosa. Dodirnula je dva puta dlanom prsten na pupku i lagano povukla zlatni lančić na klitorisu. Dovoljno za dva osrednja orgazma koji je osvežiše.

Pozvali su je u departement. U gate sali stavila je na glavu haubu za defragmentaciju mozga, na Internet je priključila samo *limbus* i *supstantia reticularis* – želela je da bude slobodna i nezavisna. Priključila se na snove Abukazera sina Nabukodonosorovog – on je imao najprijatnije snove.

I poslednja sumnja u Sistem je nestala iz njene svesti.

Na ulazu u Letisium osmehnu joj se stjuardesa. Bila je spremna za let u Novi svet.

Pogled muškog i ženskog, *prošlog* i *budućeg* tj, jednog živog i jednog umirućeg (bar psihički, emocionalno i sl) postoji i srednji rod vremena, nevino anđeosko, priviđenje Kairosa, koji može da se uhvati ili da mine neuhvaćen, nikad viđen,
napisala je Lusilija na rastanku
nema više Lusilije. samo ja i život
jeste li sigurni?
Upravo sam sada ugledao zrnce peska: odlučio da napišem njen životopis.

Onog trenutka kada se shvatilo da se pojam transcendencije ne može smestiti ni u prostoru ni vremenu, postalo je ujedno i jasno da je Lusilija besmrtna, jer nikad nije bila živa i time, ne samo da nije u stanju ikom da nanese bol, već može slobodno da se upušta u ljubavne veze sa pojmovima i kategorijama, realijama kako i univerzalijama, iz čistog zadovoljstva uz blagi smešak večito voljene.

Ubistvo Lusilije je igra. Bol njoj nanet je šala. I to je znak njene svetosti. Ne znam šta će reći Sveti otac Papa? Da li je zaslužila beatifikaciju? *Santa Lusilia, ora pro nobis,* i moli se za nas.

Lusilija je religijski ekstrakt dugo kuvanih, destilisanih, mlevenih i rastvaranih, sažimanih ideja, slika. Donosi vam zadovoljstvo bez bola, igru bez stida. Ona je priliježna lutka za razonodu, esentia quinta svih substantia eternitatis. Potrebno je samo dugo i sabrano na nju misliti, ispunjenu toplim željama, pa da se u snu sa njom doživi realni orgazam.

Po tome bi ona bila sveta. Jer za kratko vreme svako je u stanju da izmisli teologiju – svi mrtvi ustaju, sve se želje ispunjavaju, svi iskreni, pravedni. I svi se boje – uslov da ih ubedite u bilo šta što vam padne na pamet.

Prigovor na Prvu Lusilija-aporiju:
Spor o tome, ako monasi leže ničice i među njima hoda bosonoga Lusilija, da li se jedino po njenim stopalima može zaključiti da li je ona naga ili odevena? Koliko možemo spoznati čulima, a koliko nam o istini u svetu koji ne vidimo, govori naša vera, svedok izabranima?

U Jevanđelju po Magdaleni stoji: „Jedini te onaj voli ko te u ljubavnom zanosu vazda drugijem imenom naziva, on te jedini pozna, ono mnoštvo u tebi ljubavi željno." (II, 10, 2) – Prevod oca Irineja.

Uzrok tome je postojanje više svetova u jednom telu žene, pod jednom jedinom kožom koje je knjiga nežnosti, tajni nauk večnosti.

Lusilija je za mene u trenucima nežnosti bila Emilija Rastiferžu, Sarasatena Ekvilibardi, Halikodeja Vastinijana, Leukopedia d Overnjan, Eufrazinija dela Filipi. Astrobatita Miliner, Zeukopronija Varis-Langobardi, Virgolena Emu, ili prosto Is.

Smešak. Imenima nije mogla da odoli.

Epimenid kome je posle smrti koža nađena sitnim slovima ispisana, prvi je napisao raspravu u tome može li Lusilija svojim telom da podnese težinu beskraja?

U svom delu *De ilumine et genessis Orpheo, extasis perennis principii,* Gesemenid težište prebacuje na umu prirođeni osećaj nežnosti. Sposobnost razlikovanja infinitezimalnih draži rađa osnov za uviđanje posebne strukture vakuuma geometrijskom metodom, opisujući do tančina arcus hymenalis, koronu sačinjenu od kružne rubne arterije koja pri defloraciji prska, on je raspravljao i o tome da li je bol prve noći nužna. Ne, kazao je, oslanjajući se na spise autoriteta, jer svog iskustva nije imao. Nije nužno, ali događa se. A to stoga jer odsustvo nežnosti rađa bol i sa njim se duša osvešćuje u stvorenom svetu. Ne zbude li se tako, umesto bola nastaje uspenje, *extasis,* i time dokazuje da svako prekoračenje sile izaziva prskanje i bol. Ako bola nema i začeće može biti bezgrešno. Kružno i beskrajno su odlike ljubavi, *a priori.* Aktuelni beskraj. Bude li nesrazmere, ta veza se kida. Prvo se dodiruju ravni – venac i kalota, eros im pomaže da ne nestanu. Prvo se razvlači u oreol, erotika postaje Optika, nastaje svetlost coronae hymenalis koja je po bojama osećaja *corona borealis.*

Pre toga u učenju o erogenim zonama on objašnjava kako se sva ta silna svetlost ljubavi sažima u osećaj ekstaze, u trenutku orgazma u žižu. Pod erogenim zonama shvata sva ona polja kože koja su ispisana slovima ljubavi, za razliku od onih drugih, kože leđa koja je manja osetljiva na dodir, više na hladnoću. Teme žene, njen potiljak, vrat, uvo zajedno sa ušnim kanalima u dubini, zatim usne, jezik, grudi, bradavice, trbuh, pupak, bedra, obe prepone, slabine, kolena, potkolenice, gležnjevi i osobito tabani. A nad svim, u žiži je praznina, himen, i iznad nje dragulj u kruni, dražica koja je osetljiva na do dir jezika.

I kada se u njoj sažme svetlost, nežnost otvara beskraj.

Matematički spisi *Basileja iz Nima* (Basileus Nimiensis) podržavaju već ranije naslućene teorije o nežnosti kao sumi beskrajno malih, nedeljivih draži, onih graničnih veličina čijim sabiranjem nastaje erotski doživljaj. Težnja duha da shvati neshvatljivo, da dodirne nedodirljivo, moć diskriminacije beskrajno malog, vodi vrhunac dražesti prema prvoj mu srodnoj, šupljini, jer vrhunac beskrajno nežnog, jeste sama praznina, corona hymenalis. Otud instinkt.

Umeće okivanja nežnosti, Foberžeova jaja, zatim pojas nevinosti koji se pogrešno shvatao kao prepreka – naprotiv, metalni otvor, lako nazupčan kao oštrim mamuzama samo je podsticao ljubavni zanos, određujući meru, trajanje i veličinu – nesrazmerno veliko, grubo i naglo, vulgarno je, prostačko vođenje ljubavi. Želeći da od ljubavi načini svetu liturgiju, žena je izumela pojas koji određuje mere – da ono što je bezmerno ukroti i usmeri ga ka najbitnijim atributima snošaja – da dugo traje i bude lep, dve su osnovne odrednice osećaja beskraja, čija je zemaljska *hipostasis*, ljubav. Bezumna erekcija jako brzo splasne, mamuzama otvora suzbijena, traje dugo. Koliko? Koliko može, što duže, to bolje. Ako može, večito. Melanholia perennis je osnovno obeležje *Psychae*. Erosa. Orgazam je samo prevremena spoznaja beskraja. Tačke gde se dve paralele seku.

U misterijama u Eleusini, putem erosa spajalo se vidljivo i nevidljivo u transu, zanosu sibila. Bio je to grč. Ono što je nepokretno, to se najbrže kreće, ljubav zahteva nepomičnost.

Požuda je samo nejasno osećanje večnosti koje se učini prozirnim tek u ispražnjenju. Puno se rađa u ispraznom, večito u očitom. U onom što je vidljivo, nazire se ono što je mudro.

Svetlost erosa se sažima u žižu. Kreće se samo središte tela, što budeš više voleo ono će sve više nestajati, sve dok ne postaneš i sam svetlost.
De erectibus... corpus: Lusiliae... infundibulum... ilustribus

Popis predmeta na mestu ubistva:

Lusilijina sandala, načinjana od najfinije bergamske kože, sa tankom poplatom i visokom štiklom boje marcipana, uskim kajiševima koji su na stopalo nalegali oiviceni srmenim pervazima, i mašnom od krepa. Ona ih je toliko volela da ih je zadnje skidala, tek kad bi joj se tabani užarili do radosti.

Mlin za mlevenje bibera od abonosovog drveta, kupljen u minhenskom Švabingu za deset maraka, ispostavilo se da je daleko vredniji, jer potiče iz srednjeg veka, uvezen zajedno sa prvim pošiljkama koje je Magelan dostavio Portugalskim trgovcima. On ima slova na kineskom, ostaci neke duže reči, izlizane palcem koji je malo po malo odnosio slova i reč pretvorio u ostatke, Magelanov oblak ili ukras, *Aurora Borealis*. Prah kosmičkog bibera.

Odbačeno. Malo ko je ikada video Auroura borealis. Još manje ih i zna šta je ona. Doduše, za ovakve i ne otkrivam Lusiliju, Raj. Jer treba znati, pa imati. Nije sve tako jednostavno kako izgleda.

Reklo bi se da se telo Lusilije razlaže u govoru i tako nestaje, a upravo u govoru biva nazočno i upravo je u rečima „reč" o telu. To ne znači da u telu Lusilije, kojim ona u rečima jedino i živi, ima manje duše nego što bi ga imalo telo da je telo – naprotiv, njeno telo je imalo puninu duše tek kada je naterano da „govori". Postoji „govor tela". Što bestelesnim rečima, po principu reciprociteta, daje nadu da će postati – Lusilija.

Ljubavni odnos je eros subjekta i objekta

Odnos između izgovorenog i uobličenog, između eidosa i eidolona,

označavajućeg i označenog

teksta i fusnote – vagine izrečenog, polno seksa, stidnog mesta svakog teksta

samo putem govora vi Lusiliju i poznajete.

Znači li da Lusilija i ne postoji drugačije nego rastavljena na govor?

Ali tek rastavljeno na reči njeno telo postaje vidljivo, slobodno okovano u govor.

Tek rastavljeno na bestelesno govora, telo postaje duh njen duh se izražava njenim rečima, vidljivim telesnim dražima

ono živi kroz reči

izložen u izlaganju, razložen sastavljen u skladu koji zahteva reč, govor

sastavljen razlaganjem. Skriven izlaganjem.

u duhu reči njen duh se rađa iz tela

u duhu tela nastaju reči

njeno telo nestaje da bi postalo očito

opisano da bi iskazano

zavijeno u govor, razodeveno

reči su izvor nagosti, subjekt i objekt koji se zrcale u objektivnom duhu (ovo je dobro).

Šta je stoga u svetlu ovog zamagljenja – postojanje?

Postojimo li vi i ja?

Drugačije nego govor – da. U svakom drugom vidu – ne.

Da li je Lusilija stvarno postojala? Kako je stvarno izgledala?

Postoji li raj? Bogočovek?

Ma daj!

Filosofija erosa. Počinje od fiziologije. Ma koliko u principu nepouzdana, *physis* nije u stanju da sakrije *principia.* Matematičko geometrijska struktura ljubavnog čina nosi prikrivena svojstva nastanka univerzuma. Od jednog imena postaće više, od jednog sveta množina svetova. Poniranjem u prazninu, pokrećući se po jednom monotonom ritmu, put prema gore i prema dole je isti, razvijen na vremenskoj apscisi, vremena erotski čin se uobličava u sinusoidu. U utrnulosti, telo postaje, matematički gledano – duh.

Pokreti u mestu koji naizgled ponavljaju jednoličnost svakog zračenja u nastajanju, postaju složena sinusoida koja je neretko ugođena po muzičkim kanonima. Terce uzdaha, kvarte jauka i *adagio* izdaha, kreščendo uzleta i paroksizam erosa, analizirani u statistički relevantnim uzorcima, pokazuju tipično i lično, ono osnovno, *usia* samog erosa i lične, pojedinačne varijacije unutar ličnosti, grupe ljudi, socijalnog i političkog konteksta, vremena u kojem se zbiva, pomodnosti, međusobnih odnosa polova, i svega drugog što na fonu opšteg izražava individualno skretanje, tako da su zapisi takve vrste, slika, lik svakog subjekta, njegov rukopis, erotopis, kao što bi grafolozi ili još pre erotolozi mogli u toj erotografiji da nazru i protumače mnogo toga: stepen i dubinu ljubavi, odlike ličnosti, stanje erotske i biološke zrelosti, štaviše i povremene varijacije u raspoloženju, zdravlju, mesečarstvo, medenu bolest, padavicu, maniju i šizofreniju, stepen obrazovanja u erosu pa tako redom... čudi me da to nikom nije palo napamet. *Erotogrami!* Budite ljubazni, donesite mi zadnja tri erotograma, kaže lekar obolelom. Kreveti firme *Lusilija* sa *elisium* dodatkom koji nevidljivo spojen sa dušekom beleži sve vaše vibracije, dužinu, vreme koitusa, broj, razdvaja lažne od pravih, uočava imitacije orgazma kojima su mnoge žene sklone. Krevet istine! Možete lagati na poslu, politici, u krevetu ste razgolićeni.

Druga teza potiče od samog mehanizma koitusa. Lu ima ravne oči! To sam primetio kod svih strastvenih žena, fenomen vezan za izrazitu prevagu vagusa nad simpatikusom, stanje večite gladi zenica za svetlošću. Proširene zenice njenih prozračno plavih (po potrebi) očiju, daju utisak da je ona lutka sa dugmadima − crni balsam na smaragdnoj podlozi − umesto očiju. A tako je živa, da čovek poveruje. Nisu samo nervi u pitanju, pre bi se reklo da je to u građi tela, razmaknute oči, široko otvorena simetrija... zbog toga sve lepe žene deluju očaravajuće, hipnotički efekat tendencije ka rastavljanju.

Telo žene se razdvaja, simetrične mase tela otkrivaju mesto spoja, prazninu koja želi da se zaposedne. Žena nudi sve svoje šupljine da budu naseljene, usta, pupak, vaginu − sve ostalo beži u stranu i otkriva osnovno načelo, apsolutno ništavilo *Nihil* kao *primum movens, punctum nascens.*

Žena nas rascepom približava samom bogu koji je ništa. Tek tu osećamo koliko smo izgubili i mi i svet samim tim što postojimo. I želimo da umremo, smrt je tu, njen odraz koji nije ona sama, ali deluje. Horor vacui, narcisoidna želja vakuuma da se ispolji, osnov je erosa.

Horor vacui, arche erotikoi. Eros je *conjuctio vacui.* U nepostojanju sveta, kako kaže Lajbnic, nestaju sve aporije. Zbog toga volimo da nestanemo u ženi, da se samozaboravimo, samopotiremo, da od bitka, postojanja Dasein načinimo *Nichtsein.*

Fisica, seu filosophia, seu mathematica. Oblik, broj, mera.

Da li je onda, posledično, lepota kao izraz ljudske suštine unutar opsega vasionskog apsurda, premda promenljiva veličina, izraz nelinearnih matematičkih konstanti?

Pitanje preteško za Lusilijine kožice. Ali princip njene darežljivosti je u tome da postaje sve gladnija što više guta i što se njene kožice više rastežu, uživanje, njeno i u njoj je veće. Lusilija podnosi i Lusilija-promišljanje. Lusilija- gnosticizam.

Svi koji su u Lusiliju ušli, van sebe su.

Teze protiv boga, a u prilog Lusiliji:
1.
2.
3.
4.
5.
6.
7. eros:
8. hrabrost otiskivanja u prazno i
9. radost propadanja.

Sindrom uskih vrata je u sećanju na nepostojeće: izabrati privid, temu, i sav se uneti u slobodnom padu bez zadrške, u svoju ljubav. Lusiliju, kako god da joj je ime. Let sa desetog sprata je orgastički poliptih.

Poslednji prizor: Poslednja slika Raja zove se Pakao. Ono što ostane od ljubavi, utrnulost, melanholija. Krivudavim putem između ogoljenih brežuljaka, na mršavim konjima, jašu dva monaha. Mladi i stari. Jedno je preobučena Melissa, pokajnica, drugi monah je njen uškopljeni otac. Monaške haljine im dobro pristaju – ona skriva svoj spol, on skriva da ga nema. Brežuljci su ogoljeni, tek ponegde neko poluosušeno drvo, a na njima obešeni kažnjenici, isplaženih jezika, iskopanih očiju, tela probijenih bodežima. Krv se sliva naniže, pri dnu slike pravi tamnu lokvu, hirom umetnika curkom se preliva preko ivice rama. Umetniku je bilo valjda dosta hrišćanske groze, pa je hteo malo da se osveti, podsmehne užasima plemenite vere. Ili je hteo da nam poruči da Pakao od Raja deli samo okvir slike. Nikad nećemo saznati. Pogotovu što je autor slike i sebe naslikao raspetog na velikom točku, na vrhu brega i teško se može razabrati da li su iskeženi zubi *risus sardonicus* ili *risus ironicus*.

Dva putnika se polako kreću, konji su im gladni, mršavi i umorni. Sada ih već vidimo s leđa, a da im nismo ni stigli videti lica, zgranuti prizorom strave na brežuljcima. Kuda su krenuli? Na drugoj strani pejzaža nalazi se manastir – možda su krenuli u posetu majci, bacati joj se u naručje, zagrliti se s njom tražeći i nudeći oproštaj. Okružena roditeljskom ljubavlju, Melissa može da poželi još samo jedno – da sa njima zajedno legne u isti grob. Sasvim je moguće da se dogodi suprotno. Ako Melissa nije odgojena u hrišćanskoj ljubavi, spremna na praštanje – u ruci joj blesne bodež osvete i zarije se u telo majke-ljubavnice-veštice, parajući utrobu koja je donela na svet.

Ne znamo. Na ovom mestu slika nestaje, ram je preseca.

Možda ih tamo čeka Lusilija u sjaju svoje anamnesis i epiphaniae? Ne, Lusilija to meni ne bi učinila. Ne bi ona bila tako podla pa da ode u manastir. Lusilija, u to sam siguram, čeka mene. Ali na sasvim drugom kraju slike koji je u stvari početak. Jedne druge slike, novog života koji je u sećanju, novog, upamćenog veselja.

Slika je mučna i tužna kao svaki oproštaj. Da je nismo voleli, ne bi bilo oproštaja, ali ni priče o Lusiliji. Pa oprostimo se od Lusilije. I vesele i tužne u našem sećanju.

Svako biće potonulo u zaborav, prividno dobija na snu, koliko vredi njime istisnuta večnost.

Lusilije više nema. Lusilija je stigla u raj. Čitava beskonačnost je pred njom. Ja sam malo zakasnio, kao lenj sam – u stvari plašim se. Jedno je govoriti, drugo ljubiti. Jezik je i jedno i drugo, samo je jedno puno, a drugo čisti privid. Lu je bila hrabrija, ali ni ona se nije žurila, nju je povuklo. Umela je ona tako, da se prepusti svemu što bi je povuklo. Imala je ludo poverenje. Stižem Lu, samo sam se malo zadržao. Znaš koliko si ti uvek u svemu kasnila, tebe smo čekali, čekaj ti sada mene. Dolazim sigurno, hteo ne hteo. Svaki čovek od majke rođen putnik je u Elisium. Ja se bojim, Lu se ne bi plašila. Ne plašim se da umrem, rekla je, samo... to je bilo nešto naše koje se drugih ne tiče. Kako je LU? Bolje je, rekla je i nežno me zagrlila – ona je o beskraju uvek znala sve. Vidim je kako se vere hrabro uz drvo Spoznaje, lukavi starci zažmire na jedno oko dok se ona penje, razrogače oba kad se ona sa grane na granu – misle omaknuće se.

Misli ona na mene. Javi se ponekad jezikom samo nama dvoma znanim: ležim na palubi čamca. Pored mene je šibljika vrbe iznikla iz vode. Čamac se ljulja, ljulja se paluba na kojoj je ona nekad ležala, ja dremam, osetim kako me grana dotakne, skoro da me je pomilovala . Lu, ti si, kažem mirno, jer smo sami. Odgovor- lišće me nežno dira po uvu, pomiluje obraz i ljulja se na usnama – ljubi me. Miriše cvet vrbe, mislim -njena je duša. Poljubim i ja nju, i kažem sad ću i ja Lusi, ne žuri mili, kaže Lu, beskraj može da čeka, putovaćemo i dalje zajedno, ti ovim, ja onim svetom. Ja drumom ti šumom. Ima još. Ali neke reči su samo naše. Naiđe talas, gurne čamac bliže žbunu, dve grane me snažno zagrle, sklope se oko mene..

Miruj Lusi i budi srećna, mislim na tebe dok ne stignem. Naš Put je otvoren – za sve mogućnosti od čega mi se diže kosa na glavi: zadovoljstvo stvaranja Lusilije nije ništa veće od zadovoljstva da se njen život okonča. „Prestrogo su me kaznili", rekao je ubica izlazeći sa višegodišnje robije, „Ubijenog su već svi zaboravili, jedino ga se ja sećam."

Večnost nije tako bezbedna – kaže Lu, ona je puna smrti, bezdan je bezbedan, život je bezvredan, dan je zvezdan.

Kako si mogao onako o meni, Lusilija opet u snu, ljuta sam na tebe, i nikad ti više ništa neću reći.

I nećeš, zlato moje!

Izdavačko preduzeće
RAD
Beograd, Dečanska 12

∗

Glavni urednik
NOVICA TADIĆ

∗

Priprema teksta
Grafički studio RAD

∗

Za izdavača
SIMON SIMONOVIĆ

∗

Štampa
Sprint, Beograd

CIP – Каталогизација у публикацији
Народна библиотека Србије, Београд

886.1-31

МИРКОВИЋ, Зоран

    Lusilija ili o beskraju : roman / Zoran Mirković. – Beograd : Rad, 2000 (Beograd : Sprint). – 155 str. ; 21 cm.

ISBN 86-09-00676-X

ID=82915084

www.ingramcontent.com/pod-product-compliance
Lightning Source LLC
La Vergne TN
LVHW051124080426
835510LV00018B/2227